essentials

Essentials liefern aktuelles Wissen in konzentrierter Form. Die Essenz dessen, worauf es als „State-of-the-Art" in der gegenwärtigen Fachdiskussion oder in der Praxis ankommt. Essentials informieren schnell, unkompliziert und verständlich.

- als Einführung in ein aktuelles Thema aus Ihrem Fachgebiet
- als Einstieg in ein für Sie noch unbekanntes Themenfeld
- als Einblick, um zum Thema mitreden zu können.

Die Bücher in elektronischer und gedruckter Form bringen das Expertenwissen von Springer-Fachautoren kompakt zur Darstellung. Sie sind besonders für die Nutzung als eBook auf Tablet-PCs, eBook-Readern und Smartphones geeignet.

Essentials: Wissensbausteine aus den Wirtschafts, Sozial- und Geisteswissenschaften, aus Technik und Naturwissenschaften sowie aus Medizin, Psychologie und Gesundheitsberufen. Von renommierten Autoren aller Springer-Verlagsmarken.

Andrea Maria Bokler • Michael Dipper

Changemanagement mit Cultural Transformation Tools

Unternehmenskultur über Werte entwickeln

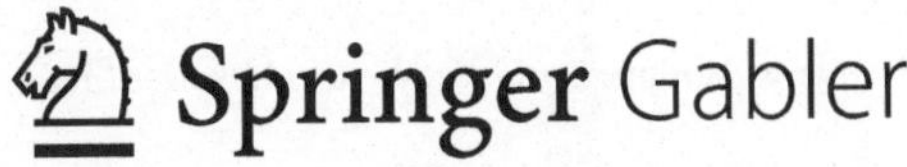

Dr. Andrea Maria Bokler
Changemanagement.biz
Frankfurt
Deutschland

Michael Dipper
Michael Dipper Unternehmensentwicklung
Darmstadt
Deutschland

ISSN 2197-6708 ISSN 2197-6716 (electronic)
essentials
ISBN 978-3-658-10921-9 ISBN 978-3-658-10922-6 (eBook)
DOI 10.1007/978-3-658-10922-6

Die Deutsche Nationalbibliothek verzeichnet diese Publikation in der Deutschen Nationalbibliografie; detaillierte bibliografische Daten sind im Internet über http://dnb.d-nb.de abrufbar.

Springer Gabler

Gedruckt auf säurefreiem und chlorfrei gebleichtem Papier

Springer Fachmedien Wiesbaden ist Teil der Fachverlagsgruppe Springer Science+Business Media (www.springer.com)

CTT Combined Seminare

Wie machen Sie Unternehmenskultur besprechbar und transparent? Wenn Sie Menschen und Organisationen dabei unterstützen möchten, Werte sichtbar zu machen und Unternehmenskulturen zu gestalten: Diese Frage und noch viel mehr beantworten Andrea Maria Bokler und Michael Dipper. In dem viertägigen Zertifizierungskurs Cultural Transformation Tool CTT. Sie lernen, wie Sie mit den wichtigsten Kulturmessinstrumenten eine wertorientierte Organisation aufbauen. Die Termine für die nächsten 4-tägigen CTT combined Seminare finden Sie hier:

http://www.changemanagement.biz
www.michael-dipper.de

Inhaltsverzeichnis

1 Mit CTT aus Potenzialen schöpfen und Produktivität steigern – wie Sie gemeinsame Werte in eine gewinnbringende Kulturtransformation verwandeln

Es gibt sie immer wieder, die Wendepunkte im Lebenszyklus eines Unternehmens: Der Markt hinterlässt Spuren. Führungspersönlichkeiten verändern Leitlinien. Darüber hinaus unterliegen Teams einer eigenen Dynamik. Handlungsdruck kündigt sich spätestens dann an, wenn das Klima frostiger wird, die Fluktuation hochschnellt, Innovationen auf sich warten lassen oder Kunden abwandern. Wer Veränderungen an der Wurzel anpackt, kann tiefgehende und tragfähige Kulturtransformationen bewirken – und Chancen nutzen, statt versteckten und offensichtlichen Risiken zum Opfer zu fallen. Richard Barrett identifiziert gemeinsame Werte als den entscheidenden Hebel in diesen Phasen, um aus Potenzialen zu schöpfen und kraftvoll Produktivität anzukurbeln. Genau hier setzen CTT, die Cultural Transformation Tools des Gründers des Barrett Value Centre, an. Richard Barrett entwickelte diese Tools (CTT) bereits Ende der 90er Jahre. Seither nutzten mehr als 6000 Unternehmen weltweit diese Werkzeuge, um ihre Veränderungsprozesse positiv zu gestalten. CTT sind im deutschsprachigen Raum praktisch kaum bekannt, nicht nur unter Praktikern, auch in der akademischen Welt wurden sie bislang nahezu übersehen. Die Zeit ist reif, das zu ändern. Hundert zertifizierte CTT-Experten arbeiten im deutschsprachigen Raum mit Barretts Methode, weltweit sind es über 5000 CTT-Berater.

CTT bringen Organisationen dazu, sich mit „Werten" und „Unternehmenskultur" auseinanderzusetzen und einen konstruktiven Prozess in Ihrem Unternehmen anzustoßen. Als effektive Diagnose- und Gestaltungswerkzeuge machen CTT Werte und Kultur in Organisationen sichtbar, das Nicht-Greifbare wird messbar. So können Führungskräfte und ihre Mitarbeiter leicht über alles reden, was ihnen wirklich wichtig ist. Und: CTT sichern die Akzeptanz für den nachfolgenden Veränderungsprozess. Sie geben klare Hinweise, in welche Richtung die Kultur entwickelt werden sollte.

A. M. Bokler, M. Dipper, *Changemanagement mit Cultural Transformation Tools*, essentials, DOI 10.1007/978-3-658-10922-6_1

Gestalten auch Sie Ihren Wandel hin zum Positiven und umgehen Sie mit Richard Barretts Cultural Transformation Tools Fallstricke gekonnt. Wenn folgende oder ähnliche Fragen in Ihrem Kopf kreisen, beglückwünschen wir Sie zu der Lektüre dieses Essentials:

- Wie kann ich Veränderungsprozesse gestalten oder anpassen, so dass sie zur Kultur unseres Unternehmens passen?
- Wie kann ich unsere Kultur verändern?
- Wie müsste unsere Kultur sein, damit das Unternehmen zukünftigen Herausforderungen standhält?
- Wie schaffen es Führungskräfte, Innovationen zu fördern und einen gesunden Teamgeist zu ermöglichen?
- Wie kann ich unsere Produktivität erhöhen und gleichzeitig das Wohlbefinden der Mitarbeiter erhalten?
- Wie gestalte ich Veränderungsprozesse auf Basis der gegebenen Kultur?
- Wie passt Kultur als Thema zu sogenannten agilen Organisationen?

Ein Blick in die Praxis:

Situation 1– Neue Führungsposition trifft alte Gewohnheiten Sie sind seit kurzem Führungskraft auf erster Ebene. Verwundert verfolgen Sie, wie „die Dinge" in dieser Organisation laufen. Sie beobachten fragwürdige Überzeugungen und Verhaltensweisen Ihrer Führungskräfte. Ernüchtert nehmen Sie Muster wahr, die eher bremsen als bestärken. Während Sie auf Vertrauen setzen, äußern die Kollegen Misstrauen. Sie sind bereit, schwungvoll Neues zu schaffen und zuversichtlich Änderungen anzupacken. Ihre Führungskräfte hingegen scheuen Risiken, sichern sich über Gebühr ab und haften hartnäckig an dem, „was schon immer so war". Sie spüren, dass es rumort. Da stimmt etwas nicht, und Sie entscheiden zu handeln. Doch Sie wissen nicht, wie. Fragen kreisen in Ihrem Kopf: „Wo setze ich an? Wie schaffe ich es, allen die Lage bewusst zu machen?" Und wie stecken Sie Ihr Team mit Ihrer Begeisterung an?

Situation 2– Trügerische Normalität Sie sind seit einigen Jahren als Geschäftsführer sehr erfolgreich; nicht zuletzt deshalb, weil sie ein starkes Team auf Kurs halten. Die Marktdynamik zwingt Sie zum Innehalten: „Werden wir in Zukunft stark bleiben? Wie schaffen wir es, innovativ zu sein, die Besten für uns zu gewinnen und unsere Kunden über weite Strecken zu begeistern?" Und Sie stellen eine gewisse Sättigung bei Ihren Mitarbeitern fest. Sie befürchten, dass die Lust, Neues zu gestalten und Veränderungen voranzubringen, mehr und mehr schwindet. Der

Frieden im Unternehmen scheint trügerisch. Sie werden das Gefühl nicht los, dass Sie allein der Motor für den gesamten Betrieb sind. Sie wünschen sich, dass jeder aus sich heraus die gemeinsame Sache antreibt und alle aus einem Flow schöpfen. Damit Sie auch weiterhin Freude am gemeinsamen Erfolg haben und die Zukunft aktiv gestalten.

Das dargestellte Vorgehen und die Beispiele aus der Praxis basieren zum einen auf dem Buch „The Values-Driven Organization“ von Richard Barrett. Zum anderen fließen Beispiele aus unserer Arbeit mit dem Cultural Transformation Tools in die Ausführungen ein.

Sie lesen:

- Kultur beeinflusst auf Dauer die Geschäftsergebnisse (Kap. 1)
- Kultur ist messbar und veränderbar, frei nach dem Managementdenker Peter Drucker: „What gets measured gets done“ (Kap. 2)
- Wie die Kraft der Veränderung in der Praxis Gestalt annimmt (Kap. 3)
- Wie Unternehmen den Wandel positiv lenken und worauf es dabei hauptsächlich ankommt (Kap. 4)
- Was die zentralen Elemente in der Umsetzung sind (Kap. 5)
- Wie Sie Ihre Unternehmenskultur gestalten: Mit den richtigen Schritten für den Kulturwandel. Fünf Tipps (Kap. 6)
- Auf welchem Modell CTT beruht (Anhang)

2 Aus Werten schöpfen: Mit CTT den Geschäftserfolg steigern

2.1 Kultur – was verstehen wir darunter und wie kann man sie „messen"?

Richard Barrett (2014, S. 29), der Erfinder der „Cultural Transformation Tools" (CTT), sagt: Die Werte, die Führungskräfte tagtäglich Mitarbeitenden oder Kunden gegenüber zum Ausdruck bringen, prägen die Kultur einer Organisation.

Zur „Messung" einer Kultur mit CTT beantworten Mitarbeiter per Online-Fragebogen, der in 56 Sprachen zur Verfügung steht, folgende drei Fragen:

1. Welche zehn Werte beschreiben am treffendsten, wer Sie sind? (persönliche Werte)
2. Welche zehn Werte charakterisieren am treffendsten unsere gegenwärtige Kultur?
3. Welche zehn Werte sind essenziell dafür, dass unsere Organisation leistungsstark sein kann? (erwünschte Kultur)

Die Teilnehmer wählen aus einem Katalog unter zirka hundert Optionen die für sie schlüssigen Werte und Verhaltensweisen aus (z. B. Vertrauen oder Anerkennung von Mitarbeitenden). Dieser Katalog kann kundenspezifisch angepasst werden.

Nun behaupten wir nicht, dass wir alle Aspekte einer Organisationskultur mit diesen drei Fragen erfassen können. Zudem entspricht das keineswegs der Absicht von CTT. Barretts Tools beschränken sich auf Werte und wählen damit den zentralen Kulturaspekt, um mit Hilfe des Assessments der Organisation einen Spiegel vorzuhalten. Das hat den Vorteil, dass das Assessment nicht normativ ist. Was eine „gute" Kultur ist, entscheiden nicht CTT-Experten. Darüber gibt die Interpretation der Ergebnisse Aufschluss und die Erkenntnis, in welche Richtung die Kultur ent-

A. M. Bokler, M. Dipper, *Changemanagement mit Cultural Transformation Tools*, essentials, DOI 10.1007/978-3-658-10922-6_2

wickelt werden soll. Das geschieht im Dialog mit den Beteiligten. Und wie das funktioniert, erläutern wir in diesem Kapitel.

Vergleichen Sie einmal die Liste der Werte zweier Organisationen ähnlicher Größe aus der gleichen Branche miteinander, die in der Reihenfolge der Häufigkeit ihrer Nennung gelistet wurden (siehe Abb. 2.1. In der Grafik entspricht jedem Wert ein Punkt). Worum geht es aus Sicht der Mitarbeitenden der Organisation, in der sie jeweils arbeiten? In der oberen Organisation scheinen die Akteure wirklich etwas für ihre Kunden bewegen zu wollen: mit Teamgeist, Humor, Qualität und mit integrem, ethischem Verhalten. So sichert die Firma ihre finanzielle Grundlage. In der unteren Organisation ist die Mannschaft – bei aller Gewinn- und Kundenorientierung – anscheinend sehr mit sich selbst beschäftigt: Die Kollegen machen sich gegenseitig runter, halten Informationen zurück, treiben Machtspiele und liefern sich dabei einen internen Wettbewerb. Oder sie treten mit großer Vorsicht auf – und wagen es nicht, sehr weit in die Zukunft zu schauen.

Sie werden erkennen, dass hier zwei sehr verschiedene Kulturen komprimiert und dennoch relativ differenziert beschrieben werden.

Noch einmal: Wir sagen nicht, dass wir die Kultur dieser beiden Organisationen „messen" würden. Genauso wenig behaupten wir, dass die Organisationen diese oder jene Kulturen hätten, weil wir das aus diesen Bildern ableiten. Eine Land-

Abb. 2.1 Was ist Kultur? (Quelle: Barrett Values Centre (2011))

1. Kundenzufriedenheit
2. Etwas bewirken
3. Integrität
4. Teamarbeit
5. Humor/Spaß
6. Qualität
7. Ethisches Verhalten
8. Finanzielle Sicherheit

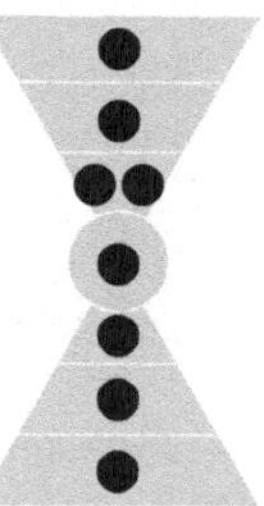

1. Tadel
2. Kurzfristige Orientierung
3. Interner Wettbewerb
4. Macht
5. Vorsicht
6. Kundenzufriedenheit
7. Informationen zurückhalten
8. Gewinn

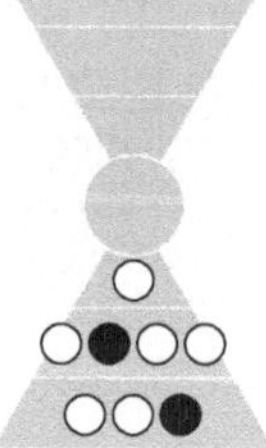

karte ist auch nicht identisch mit einem Gebiet. Sie ist nur eine (mehr oder weniger angemessene) Abbildung davon. Darum schreiben wir immer „messen“ in Anführungszeichen.

Das Geniale an dem „Kunstgriff“ zur Messung von Kultur anhand von Werten und Verhaltensweisen liegt darin, dass die dritte CTT-Frage Hinweise nach der „Soll-Kultur“ erhält. Sie eruiert, welche Bedürfnisse den Mitarbeitern am Herzen liegen. Werte beschreiben nämlich Bedürfnisse stichwortartig. Jetzt ist ein Vergleich der Nennungen zur gegenwärtigen Kultur und der „Soll-Kultur“ möglich (vgl. Abb. 2.2). Die Analyse deutet ziemlich genau darauf hin, was das Engagement derzeit bremst und was es künftig fördern kann: Die gegenwärtige Kultur ist fokussiert auf die dritte Ebene, d. h., die Menschen sind auf hohe Leistung ausgerichtet (Leistungsorientierung, Leistungsgesellschaft, Professionalität, „up or out“, Bedeutung des Kunden), die Mitarbeiter stellen den Kunden in den Fokus und schützen seine Vertraulichkeit, Teamarbeit ist wichtig. Dennoch scheint

Beratungsunternehmen (157)

Level	Gegenwärtige Kultur(CC)	Erwünschte Kultur (DC)
7		
6		
5		
4		
3		
2		
1		

Matches

CC - DC 4
PV - DC 2

Kulturelle Entropie

14%

Gegenwärtige Kultur(CC)		Erwünschte Kultur (DC)	
Bedeutung des Kunden	88	*Bedeutung des Kunden*	101
lange Arbeitszeiten (L)	71	*Beziehungen zu Kunden*	74
Beziehungen zu Kunden	69	**Coaching/ Mentoring**	66
Leistungsorientierung	52	*Leistungsgesellschaft*	57
Teamarbeit	52	**Ausgleich (privat/beruflich)**	53
up or out	52	Unternehmergeist	48
der Beste sein	51	Innovation	44
Professionalität	51	Führungskräfteentwicklung	41
Leistungsgesellschaft	49	Exzellenz	40
Vertraulichkeit	44	*Teamarbeit*	39

Abb. 2.2 Gegenwärtige und erwünschte Kultur in einem Beratungsunternehmen. (Quelle: Barrett Values Centre (2011))

es Friktionen zu geben, die lange Arbeitszeiten auffangen sollen. Die erwünschte Kultur zeigt jene Werte, die sich die Mitarbeiter in Zukunft stärker wünschen: Innovation und Unternehmergeist. Ein möglicher Weg dorthin ist eine Führungskräfteentwicklung, die zu mehr Coaching/Mentoring führt. Exzellenz und ein besserer Ausgleich von Berufs- und Privatleben soll daraus resultieren.

Wer diese Daten zurückspiegelt, setzt sofort eine hoch interessante Diskussion über Werte in Gang. Und das ist ja schließlich keine Auseinandersetzung, welche die Agenda einer Geschäftsführung regelmäßig dominiert. Um einen philosophischen Diskurs zu vermeiden, bringt man die Leute dazu, sich und anderen den Zusammenhang zwischen Werten und Verhalten klarzumachen. „Ich hätte nie gedacht, dass drei so simple Fragen mir so viele Einsichten zu mir selbst und zu unserer Kultur geben können“, staunt ein Geschäftsführer nach dem mehrstündigen Dialog zu den Ergebnissen eines Kultur-Assessments.

Der Vorteil dieser Messung ist, dass die Aufgaben einer Kulturtransformation klar auf dem Tisch liegen. Und weil es so einfach ist, hilft ein wiederholtes „Messen“ – sagen wir in einem jährlichen Abstand – dabei, leicht festzustellen, wie die Organisation mit der Transformation vorankommt. Zudem lässt die Auswertung Einblicke in die verschiedenen Subkulturen zu, ohne die Anonymität aufzuheben: Wie sieht das Top-Management die Kultur im Unterschied zum mittleren Management und im Gegensatz zu den Menschen an der Basis? Wie gestaltet sich die Kultur im Bereich Finanzen und wie sieht sie im Bereich Vertrieb oder Produktion aus?

Was nach den Erkenntnissen des Barrett Values Centre das Engagement von Mitarbeitern am meisten bremst, sind die sogenannten potenziell limitierenden Werte. In Abb. 2.1 sind davon jede Menge enthalten (die Punkte 1–5 und 7 in der unteren Abbildung), in Abb. 2.2 ist das der Wert „lange Arbeitszeiten“. In dem Katalog der angebotenen Werte und Verhaltensweisen bei der Befragung befinden sich neben den positiven Werten auch sogenannte potenziell limitierende Werte, damit auch missachtete Bedürfnisse zum Ausdruck gebracht werden können. „Kulturelle Entropie“ beschreibt diesen relativen Anteil derartiger Nennungen an der Gesamtzahl der ausgewählten Werte. Der Terminus steht für die Energie, die unproduktivem Arbeiten zum Opfer fällt; Energie, die im Arbeitsalltag verpufft. Kulturelle Entropie ist ein Maß für Konflikt, Spannung und Frustration in einer Organisation. Das Barrett Values Centre untersuchte gemeinsam mit Hewitt Associates bei 163 Unternehmen in Australien und Neuseeland den Zusammenhang von Engagement – so wie sie Hewitt seit Jahrzehnten erfasst – und Entropie. Das Ergebnis war eindeutig: Die kulturelle Entropie und das Engagement der Mitarbeiter hängen eng zusammen. (Barrett 2010a, S. 11)

2.2 Eine Kulturtransformation nach CTT steigert das Engagement und die Geschäftsergebnisse

Kulturtransformation – wie wir sie verstehen – zielt darauf ab, das Mitarbeiter-Engagement zu steigern. Denn je größer das Engagement, desto besser die Geschäftsergebnisse. Diese Kausalität wird spätestens nach drei Jahren sichtbar. Engagement ist nicht gleichbedeutend mit „Arbeitszufriedenheit". Es bewirkt ganz konkret eine wirtschaftliche Verbesserung, während „Arbeitszufriedenheit" den Zusammenhang zu Geschäftsergebnissen eher vage skizziert oder ganz offen lässt. Eine Steigerung des Engagements mit den Werkzeugen von CTT heißt,

- die Identifikation der Mitarbeiter mit den Unternehmenszielen zu steigern, weil sie einen Sinn darin erkennen,
- ihre Arbeitsfreude zu verbessern, weil sie besser mit ihren Kollegen und Führungskräften zurechtkommen und ihren Beitrag zum Ganzen kennen,
- ihr persönliches Wachstum zu fördern, weil sie etwas dazulernen.

So verstanden ist Engagement *das* Treibmittel für das Geschäft. Engagement ist keineswegs nur vom Einkommen oder von Boni abhängig. Viele Untersuchungen belegen das eingehend (stellvertretend für viele – und wirklich erhellend: Pink 2010).

Im folgenden Diagramm (Abb. 2.3) sind die Werte vom Great Place To Work Institute dargestellt. Das Institut zeichnet regelmäßig Arbeitgeber aus, die ihren Mitarbeiterinnen und Mitarbeitern hervorragende Arbeitsplatzbedingungen anbieten – gemessen mit diesen Werten und Verhaltensweisen:

Abb. 2.3 Das Great Place to Work Modell. (Quelle: Website Great Place To Work Institute 2015)

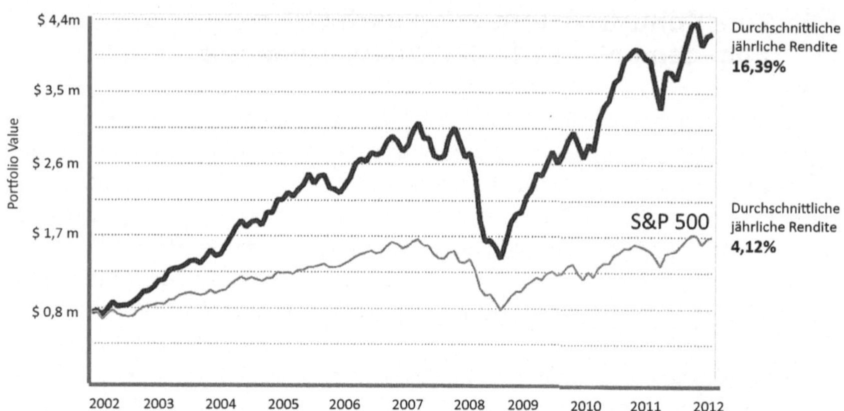

Abb. 2.4 Top 40 publicly traded best companies to work for. (Quelle: Barrett 2014, S. 25)

Organisationen, die darin gut abschneiden, steigern offenbar das Engagement ihrer Mitarbeiter. Und sie sind daher am Markt überdurchschnittlich erfolgreich. Das nächste Schaubild (Abb. 2.4) zeigt das jährliche Wachstum des Börsenkurses der 40 Aktiengesellschaften in den USA, die in der Zeit zwischen 2002 und 2012 am häufigsten Gewinner des Great Place To Work-Awards wurden. Das Bild setzt dieses ins Verhältnis zu dem der größten 500 börsennotierten Unternehmen (vergleichbar mit den DAX-Unternehmen). Sie schneiden in der gesamten Dekade deutlich besser ab. Und sie waren resilienter, denn diese Unternehmen erholten sich wesentlich rascher von dem Tief der Finanzkrise.

Die Frage ist: Ist die Korrelation einer werteorientierten Kultur, dem Engagement der Mitarbeiter und dem Unternehmenserfolg damit bewiesen? Nun, so weit wollen wir nicht gehen. Was wir aus unserer Beratungspraxis bestätigen können, ist: Setzt ein Unternehmen eine Kulturtransformation in Gang, zeichnet sich dieser Zusammenhang deutlich ab. Und zwar genau in der Art und Weise, wie wir das in diesem Essential darstellen.

Zusammenfassend gilt: Mit CTT lassen sich die Ist- und die Soll-Kultur leicht messen. Deshalb ist eine Kulturtransformation einfacher zu starten, als Sie bisher vielleicht gedacht haben. Die Beteiligten finden im Dialog heraus, woran sie sind und wohin die Reise gehen soll. Dabei geht es immer um die Steigerung des Engagements der Mitarbeiter. Denn dadurch verbessern sich letzten Endes die Geschäftszahlen. Das klingt schlüssig und ist es auch, vorausgesetzt die Unternehmensspitze bekennt sich dazu und formuliert ein „Commitment“. Nur, wenn die Führung Impulse gibt und die Veränderung vorlebt, wird Kulturtransformation möglich. Dazu mehr im folgenden Kapitel.

Wandel in der Praxis. Die Kraft der Veränderung nimmt Gestalt an

3

3.1 Ausgangssituation: Wie funktioniert Kulturveränderung mit den Cultural Transformation Tools (CTT)?

Wie CTT Engagement erhöhen und Geschäftserfolg verbessern, zeigt ein Automotive-Unternehmen, das sich in der Vergangenheit enorm professionalisiert hat. Der Geschäftsführer hat es geschafft, den Umsatz seit 2005 zu verdoppeln. Daraus entsteht sein Anspruch, noch viel Größeres zu bewegen. Mit frischem Schwung startete er ein Programm und definierte neue Ziele: kontinuierliches Wachstum, stärkere Identifikation der Mitarbeiter, Erhöhung des Engagements und Veränderung der Kultur hin zu einer dynamischen, mutigen und aktiven Kultur, die innovativ und lösungsorientiert ist. Führungskräftetrainings sollten helfen, diese Pläne umzusetzen. In intensiven Übungen, Selbstreflexion und im Dialog mit Kollegen entstand ein Bewusstseinswandel zum Thema Führung. Das war zum Start des CTT-Prozesses keineswegs sichtbar und spürbar. Für alle Beteiligten – allen voran für den Geschäftsführer – ist es wichtig, den Status quo zu messen, Potenziale zu eruieren, den Fortschritt zu quantifizieren und sichtbar zu machen. Das schafft Transparenz und damit Vertrauen. Auch deshalb, weil alle Führungskräfte und Mitarbeiter bei der Messung beteiligt werden können. Die Idee war es, auf Basis der Messungen und mit Hilfe begleitender Kommunikation einen dauerhaften, selbsttragenden Lernprozess zu implementieren.

A. M. Bokler, M. Dipper, *Changemanagement mit Cultural Transformation Tools*, essentials, DOI 10.1007/978-3-658-10922-6_3

3.2 Unternehmenskultur klug gestalten – Analyse: Welche Werte machen uns aus?

Im ersten Schritt werden die Werte gemessen. Deshalb entschied sich das besagte Unternehmen für ein Werte-Assessment im Führungskreis mit elf Personen. Im Zentrum standen die drei zentralen Fragen von Richard Barretts Cultural Transformation Tools (CTT): Die Fragen nach den persönlichen Werten, der gegenwärtigen Kultur und der erwünschten Kultur (siehe Abb. 3.1).

Das Ergebnis überraschte. Die Untersuchung offenbarte eine sehr große Übereinstimmung mit dem Wert „Ausrichtung an Zielen“. Fast alle Teilnehmer verorteten diesen Faktor bei der gegenwärtigen und der zukünftigen Kultur. Darüber hinaus fokussiert das Führungsteam in der gegenwärtigen Kultur stark Werte rund um Performance und Leistung. In der Zukunft möchten sich die Kollegen intensiv einer offenen Kommunikation widmen und sich darum kümmern, Vertrauen zu festigen. Performance wird nachrangig behandelt, da sie erwartungsgemäß kein Problem mehr darstellen wird. In einer tieferen Analyse ist sichtbar, dass doch

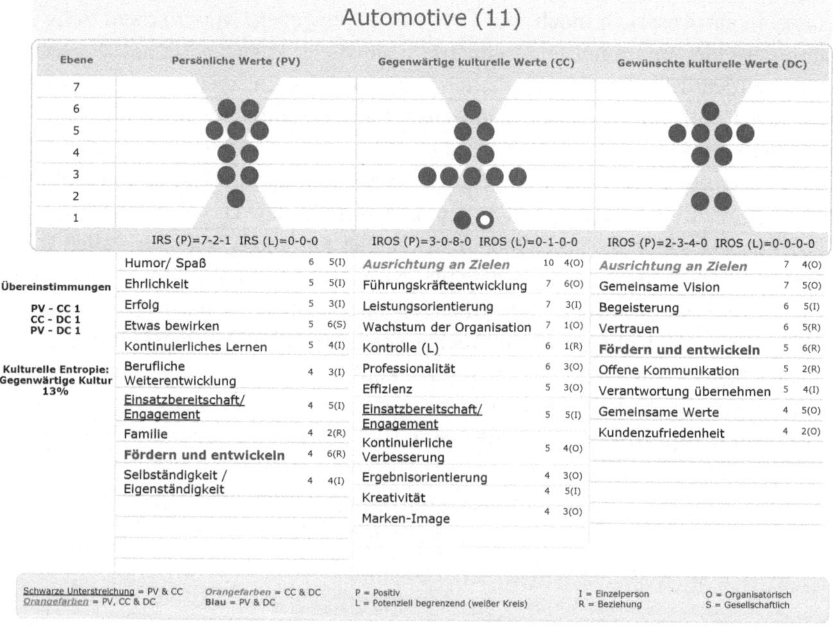

Abb. 3.1 Werte-Assessment der Führungskräfte in 2012. (Quelle: Barrett Values Centre 2012)

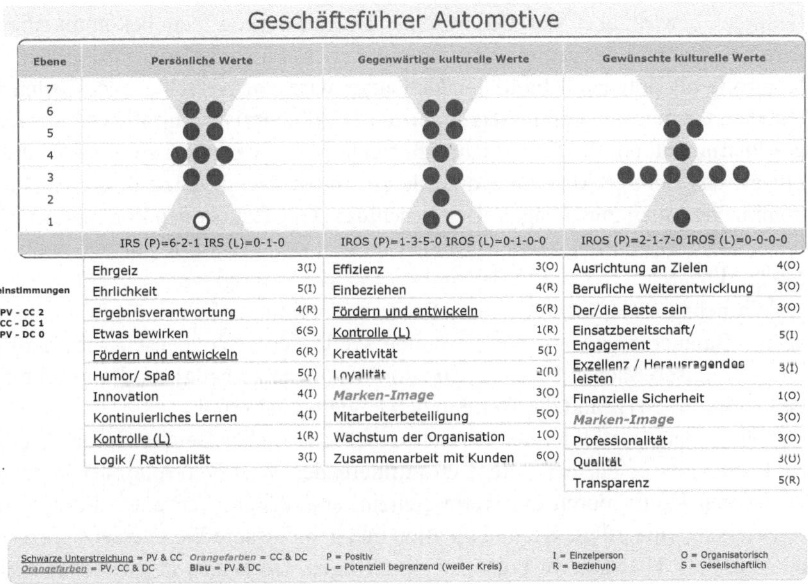

Geschäftsführer Automotive

Ebene	Persönliche Werte	Gegenwärtige kulturelle Werte	Gewünschte kulturelle Werte
7			
6			
5			
4			
3			
2			
1			
	IRS (P)=6-2-1 IRS (L)=0-1-0	IROS (P)=1-3-5-0 IROS (L)=0-1-0-0	IROS (P)=2-1-7-0 IROS (L)=0-0-0-0

Übereinstimmungen

PV - CC 2
CC - DC 1
PV - DC 0

Persönliche Werte		Gegenwärtige kulturelle Werte		Gewünschte kulturelle Werte	
Ehrgeiz	3(I)	Effizienz	3(O)	Ausrichtung an Zielen	4(O)
Ehrlichkeit	5(I)	Einbeziehen	4(R)	Berufliche Weiterentwicklung	3(O)
Ergebnisverantwortung	4(R)	Fördern und entwickeln	6(R)	Der/die Beste sein	3(O)
Etwas bewirken	6(S)	Kontrolle (L)	1(R)	Einsatzbereitschaft/ Engagement	5(I)
Fördern und entwickeln	6(R)	Kreativität	5(I)	Exzellenz / Herausragendes leisten	3(I)
Humor/ Spaß	5(I)	Loyalität	2(R)	Finanzielle Sicherheit	1(O)
Innovation	4(I)	*Marken-Image*	3(O)	*Marken-Image*	3(O)
Kontinuierliches Lernen	4(I)	Mitarbeiterbeteiligung	5(O)	Professionalität	3(O)
Kontrolle (L)	1(R)	Wachstum der Organisation	1(O)	Qualität	3(O)
Logik / Rationalität	3(I)	Zusammenarbeit mit Kunden	6(O)	Transparenz	5(R)

Schwarze Unterstreichung = PV & CC *Orangefarben* = CC & DC P = Positiv I = Einzelperson O = Organisatorisch
Orangefarben = PV, CC & DC Blau = PV & DC L = Potenziell begrenzend (weißer Kreis) R = Beziehung S = Gesellschaftlich

Abb. 3.2 Werte-Assessment des Geschäftsführers in 2012. (Quelle: Barrett Values Centre 2012)

13 % aller Voten auf der Ebene von Performance zu finden sind. Leistung hat hier viele Aspekte. Deutlich ist: Die Maßnahmen greifen und die Führungskräfte widmen sich sehr aufmerksam dem Thema Performance. Die kulturelle Entropie liegt bei 13 %. Dieser Wert liegt auf niedrigem Niveau, erfordert also einzelne kulturelle und strukturelle Modifikationen.

Anders gestaltete sich dagegen die Übersicht der Werte in der Einzelauswertung des Geschäftsführers (siehe Abb. 3.2). Er schätzt das Unternehmen gegenwärtig ganz anders ein und erwartet, dass vor allem in der Zukunft der Fokus noch mehr auf der Performance liegt. Unterschiedlicher kann die Wahrnehmung nicht sein.

3.3 Unternehmen ausrichten

Nach der Messung haben die Führungskräfte einen Workshop veranstaltet, um die Kultur zu verändern. Es fehlt ihnen einerseits an einer Vision. Sie vermissen gemeinsame Werte. Andererseits sehen sie aber auch ihr großes Plus in der Einsatzbereitschaft, ihrer professionellen Organisation und der hohen Zielorientierung. Die „Performance" verdeutlicht, dass hier viele Missverständnisse vorherrschen und das Miteinander stark behindern. Darüber zu sprechen fällt nicht leicht. Das

Gespräch bewirkt aber viel. Das Miteinander im Führungsteam bekommt eine andere Qualität und der gemeinsame Wunsch, etwas zu verändern, wird größer. Die Kontrolle als potenziell limitierender Faktor wird von verschiedenen Seiten beleuchtet. Gemeinsam kommt das Team zu der Erkenntnis: Kontrolle ist ein wichtiges Instrument, um die Performance zu steigern. Auf dem Weg zu mehr Vertrauen gilt es, das richtige Maß für Kontrolle zu finden. Denn genau in diesem Punkt kommt Vertrauen zum Tragen. Der Beschluss steht fest: In den kommenden Monaten will das Führungsteam Vertrauen fördern und Kontrolle auf ein sinnvolles Maß reduzieren.

Wir nehmen die Business Needs Scorecard nun in der Fokus, die in Anlehnung an die Balance Scorecard die gewählten Werte den sechs betriebswirtschaftlich und strategisch relevanten Aspekten zuordnet (siehe Anhang). In der gegenwärtigen Kultur in 2012 sind die Werte in den Feldern gut verteilt.

Eine Ausnahme bildet der Bereich Gesellschaftlicher Beitrag. In der Kategorie Kultur gibt es nur den potenziell limitierenden Wert Kontrolle, der in der gewünschten Kultur durch die Werte gemeinsame Vision, Vertrauen, Fördern und Entwickeln, eine offene Kommunikation und gemeinsame Werte ersetzt wird (siehe Abb. 3.3). Hier kommt Potenzial zum Tragen. Denn eine inspirierende Vision

Automotive (11)

	Gegenwärtige Kultur	Gewünschte Kultur
Finanzen	Wachstum der Organisation	
Kompetenz	Leistungsorientierung Professionalität Effizienz Ergebnisorientierung	
Kundenbeziehungen	Marken-Image	Kundenzufriedenheit
Evolution	Kontinuierliche Verbesserung Kreativität	
Kultur	Kontrolle (L)	Gemeinsame Vision Vertrauen Fördern und entwickeln Offene Kommunikation Gemeinsame Werte
Gesellschaftlicher Beitrag		

Abb. 3.3 Werte-Assessment der Führungskräfte in 2012, Business Needs Scorecard. (Quelle: Barrett Values Centre 2012)

und erhebende Werte können eine interne Kohäsion schaffen und alle internen Strukturen, Prozesse und Systeme auf diese Werte ausrichten. Das Unternehmen favorisiert außerdem Innovation. Dafür braucht es Experimente und eine zugrundeliegende Vertrauens- und Fehlerkultur (Brandes et al., 2014).

Eine diagonale Teilung der Business Needs Scorecard trifft eine Aussage über die Lieferfähigkeit und den Aspekt Mensch in der Organisation. Die Lieferfähigkeit einer Organisation besteht aus den Kategorien Evolution, Kompetenz und Finanzen. Diese Fähigkeit ist in der gegenwärtigen Kultur gut dargestellt, während sie in der gewünschten Kultur nicht mehr vorhanden ist (siehe Abb. 3.4). Hier stellt sich die Frage: Wie wird es darum bestellt sein? Womöglich ist die Lieferfähigkeit in der Gegenwart gut und gerade deswegen gewinnt der Aspekt Mensch in der Organisation (Kategorien: Gesellschaftlicher Beitrag, Kultur und Kundenbeziehung) deutlich mehr Gewicht.

Im Alltag lag das Augenmerk darauf, Vertrauen aufzubauen und Handlungsspielräume zu vergrößern. Die Teilnehmer haben unnütze Alltagsbarrieren zur Seite geräumt. Sie haben tagtäglich überprüft: Womit zahlen wir auf das Vertrauenskonto ein und womit buchen wir ab? Somit stellen sie das Vertrauen gegenüber Mitarbeitern in den Vordergrund. Die Führungskräfte diskutierten rege, wie sie ihre Mannschaft aktiv einbinden. Hinzu kam die Frage, wie Mitarbeiter noch mehr partizipieren können, um neue, bessere Lösungen zu entwickeln. Ein wichtiger Teil des Lernprozesses für das Führungsteam ist es, die kulturelle Kompetenz zu entwickeln. Kulturaffine Führungskräfte setzen sich besonders mit den unausgesprochenen grundlegenden Annahmen auseinander. Offene Kommunikation und Vertrauen zeichnen sich hier als die kulturellen Erfolgsfaktoren ab und wirken stabilisierend.

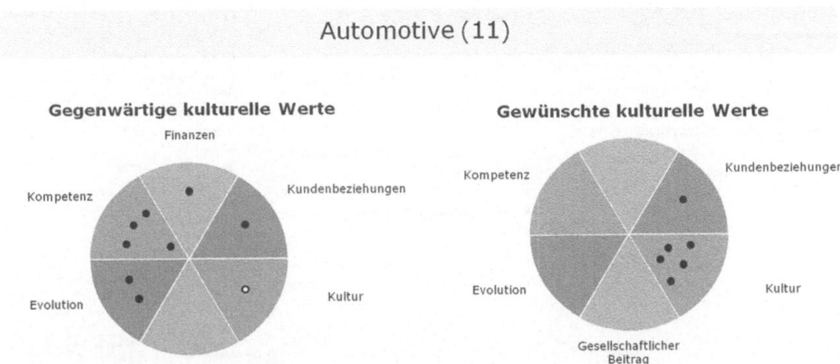

Abb. 3.4 Werte-Assessment der Führungskräfte in 2012, Business Needs Scorecard. (Quelle: Barrett Values Centre 2012)

Diese Maßnahmen offenbaren das Werteverständnis und die Welt der Mitarbeiter. Die Untersuchung vorab war hilfreich, um das Werteverständnis des Führungsteams zu verstehen und die Führung darauf auszurichten. So konnte sich eine wertorientierte Führung etablieren, die motiviert, antreibt und Mitarbeiter fördert, sich zu engagieren.

17 Monate später wurden die Werte erneut gemessen. Der Erfolg der Aktivitäten beeindruckte (siehe Abb. 3.5). Die kulturelle Entropie war auf neun Prozent gesunken. Im Führungsteam stimmten die gemeinsamen Werte wie Ausrichtung an Zielen, Fördern und Entwickeln, kontinuierliche Verbesserung und Kundenzufriedenheit in hohem Maße überein. Viele Werte rund um Effizienz und Leistung zeichnen die aktuelle Kultur aus. Gemeinsam bekannten sich die Führungskräfte dazu, in Zukunft eine gemeinsame Vision zu haben, Verantwortung zu übernehmen und mit Einsatzbereitschaft und Engagement das Geschäft voranzubringen. Dies sind alles Werte auf der Ebene fünf. Die Auswertung der Messung beinhaltet eine tiefgehende und vielschichtige Analyse. Beispielsweise lässt sich die Verteilung aller Voten in Prozent ausgedrückt betrachten. Mit Blick auf alle Voten stellt sich

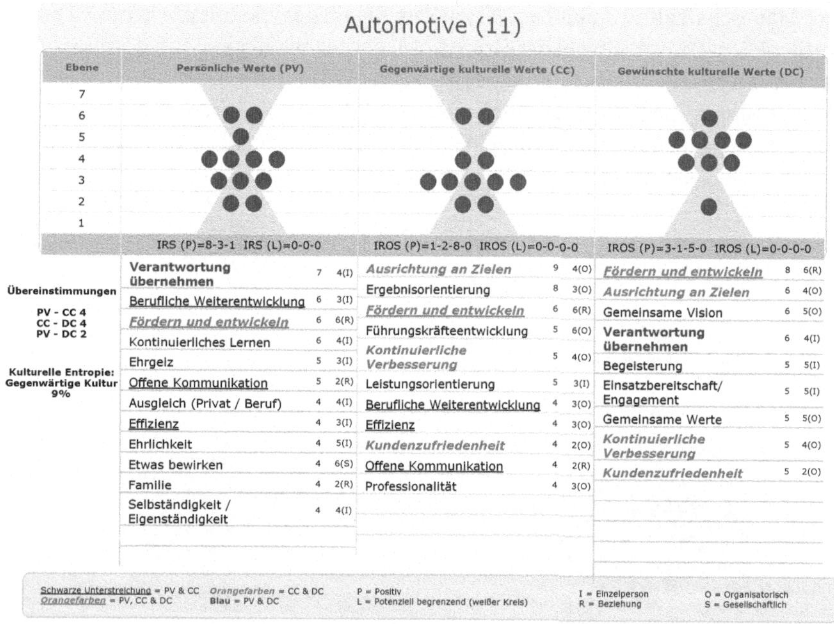

Abb. 3.5 Werte-Assessment der Führungskräfte in 2013. (Quelle: Barrett Values Centre 2013)

dies heute mit 13 % in der gegenwärtigen Kultur dar (gegenüber 31 % in der gewünschten Kultur). Das ist eine gute Basis für deren Weiterentwicklung.

Eine weitere Übereinstimmung bestand darin, dass der Geschäftsführer die gewünschte Kultur sehr ähnlich beurteilte wie sein Führungsteam. Bemerkenswert ist, dass 2013 die gegenwärtige Kultur des Führungsteams (Abb. 3.5) in hohem Maß der gewünschten Kultur des Geschäftsführers in 2012 (Abb. 3.2) entsprach.

Die Verteilung der Werte 2013 in den Kategorien stellt sich in der gegenwärtigen Kultur relativ ausgewogen dar. Die Kategorien Finanzen und Gesellschaftlicher Beitrag weisen keine Werte auf (siehe Abb. 3.6). Hierbei kann es sich um einen blinden Fleck, ein gelöstes Thema oder um den nächsten Entwicklungsschritt handeln.

Im Hinblick auf die Strategie oder die Ziele des Unternehmens verschieben sich die gegenwärtigen kulturellen Werte von den Kategorien Kompetenz und Evolution zu Kultur, besonders zu den Bereichen Vertrauen/Beteiligung und Richtung/Kommunikation sehr. Hier kommt zu der Ausrichtung an Zielen in der gegenwärtigen Kultur der Wunsch nach einer gemeinsamen Vision und nach Begeisterung hinzu. Die Werte wie Führungskräfteentwicklung und Berufliche Weiterbildung sowie Ergebnis- und Leistungsorientierung, Effizienz, Professionalität sollen in der gewünschten Kultur zu Verantwortung übernehmen, Einsatzbereitschaft/Engagement und Gemeinsame Werte transformiert werden (siehe Abb. 3.7). Hier zeigt sich, dass auf dem Weg zur Zielerreichung und im Hinblick auf die Strategie das „Wie" des Miteinanders eine größere Bedeutung bekommt.

Eine zentrale Herausforderung von Kulturveränderung ist es, das richtige Maß der Veränderung zu finden. Nur dann können sich Einstellungen und Verhaltens-

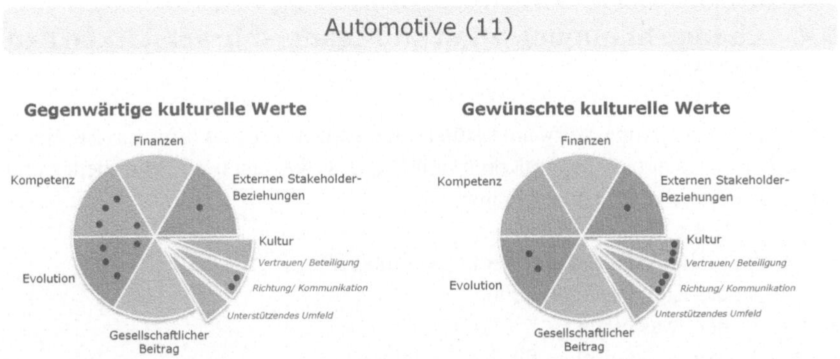

Automotive (11)

Gegenwärtige kulturelle Werte
Finanzen
Externen Stakeholder-Beziehungen
Kultur
Vertrauen/ Beteiligung
Richtung/ Kommunikation
Unterstützendes Umfeld
Gesellschaftlicher Beitrag
Evolution
Kompetenz

Gewünschte kulturelle Werte
Finanzen
Externen Stakeholder-Beziehungen
Kultur
Vertrauen/ Beteiligung
Richtung/ Kommunikation
Unterstützendes Umfeld
Gesellschaftlicher Beitrag
Evolution
Kompetenz

Abb. 3.6 Werte-Assessment der Führungskräfte in 2013, Business Needs Scorecard. (Quelle: Barrett Values Centre 2013)

Automotive (11)

		Gegenwärtige Kultur	Gewünschte Kultur
Finanzen			
Kompetenz		Ergebnisorientierung Leistungsorientierung Effizienz Professionalität	
Externen Stakeholder-Beziehungen		Kundenzufriedenheit	Kundenzufriedenheit
Evolution		Fördern und entwickeln Führungskräfteentwicklung Kontinuierliche Verbesserung Berufliche Weiterentwicklung	Fördern und entwickeln Kontinuierliche Verbesserung
Kultur	Vertrauen/ Beteiligung		Verantwortung übernehmen Einsatzbereitschaft/ Engagement Gemeinsame Werte
Kultur	Richtung/ Kommunikation	Ausrichtung an Zielen Offene Kommunikation	Ausrichtung an Zielen Gemeinsame Vision Begeisterung
Kultur	Unterstützendes Umfeld		
Gesellschaftlicher Beitrag			

Abb. 3.7 Werte-Assessment der Führungskräfte in 2013, Business Needs Scorecard. (Quelle: Barrett Values Centre 2013)

weisen ändern und sich konkret, beobachtbar und nachahmbar für die Mitarbeiter manifestieren. Der Geschäftsführer verstand es, diese Erkenntnis aktiv zu nutzen. Er hat nach dem Prinzip „walk the talk“ als Vorbild agiert.

3.4 Change Kommunication und Leadership verstärken den Prozess

Eine gute Veränderungsstory unterstützte den ganzen Prozess. Sie war das Herzstück der kompletten Change-Kommunikation. So bekamen die Mitarbeiter und Führungskräfte Antworten auf Fragen wie

- Warum wollen oder müssen wir uns verändern?
- Was ist das Ziel der Veränderung?
- Was ist neu, was bleibt?
- Welche Vorteile entstehen für den Einzelnen?

Eine Story erzählt nachvollziehbar und belastbar alle Fakten und Hintergründe eines Veränderungsvorhabens. Und sie überzeugt die Adressaten von dem großen Ganzen.

Die Leadership-Workshops vertiefen Themen wie Vertrauensaufbau, Team-Excellence und Führung im Wandel. Die Führungskräfte arbeiten ganz konkret zur aktuellen Situation daran. In einer Kulturveränderung ist es besonders wichtig, das Führungsverhalten zu reflektieren. Dies ist ein weiterer Schwerpunkt der Betrachtung. Die Analyse auf Basis der Cultural Transformation Tools (CTT) liefert ausreichend Informationen über die Situation. Das erhöht die Motivation und unterstützt die Bereitschaft, etwas bzw. sich zu verändern. Der Zusammenhang zwischen den Zielen und den Idealen der Organisation ist dann sichtbar. In diesem konkreten Fall erleichterte die gute wirtschaftliche Situation den Wandel und gab zusätzlich eine psychologische Sicherheit.

Der Start in eine Kulturtransformation 4

4.1 Die Spitze muss den Weg spuren. Worauf es dabei ankommt.

Im letzten Kapitel standen Teile einer Kulturtransformation im Fokus. Nun gehen wir darauf ein, worauf es beim Gestalten eines solchen Prozesses ankommt. Wichtig dabei ist: Jede Kulturtransformation ist ein Unikat, zugeschnitten auf die Gegebenheiten der Organisation. Die generische Darstellung eines Transformationsprozesses mit CTT verdeutlicht die Erfolgsfaktoren dieses Prozesses. Und erneut kristallisieren sich Werte als Treiber der Interventionen heraus.

Abbildung 4.1 zeigt die wichtigsten Bausteine der Kulturtransformation. Die Reihenfolge ist nicht zwingend. Die Bausteine sind auch miteinander kombinierbar.

Das Top-Management geht bestenfalls die ersten fünf Schritte voraus und stärkt die Teambildung auf dieser Ebene. Die Begriffe „Team" und „Top-Management" schließen in vielen Organisationen offenbar einander aus. Für eine erfolgreiche Kulturtransformation ist ein vertrauensvoller Umgang jedoch unabdingbar. Dass die Beteiligten gemeinsam an diesen ersten fünf Schritten arbeiten, wirkt sich in diesem Kontext stabilisierend aus. Und wie das funktionieren kann, erklären wir im Folgenden:

Zu 1. „Ownership" und „Commitment" des Top-Managementteams sind prägend, wenn die Organisation diesen Weg einer Kulturtransformation beschreitet. Ein formaler **Grundsatzbeschluss** reicht nicht aus.

Wer die Ziele seines Kulturwandels formuliert, stellt aus gutem Grund die Steigerung des Engagements aller Mitarbeiter, die Anpassungsfähigkeit an künftige Herausforderungen und die Verbesserung der Geschäftsergebnisse in den Mittelpunkt (siehe dazu auch Kap. 5). Genauso klar muss sein, mit welcher Ausprägung von Führung die Organisation diese Ziele erreicht werden. Das Engagement von Mitarbeitern lässt sich ganz gewiss mit einem patriarchalischen oder gar autokratischen Führungsstil nicht steigern.

A. M. Bokler, M. Dipper, *Changemanagement mit Cultural Transformation Tools*, essentials, DOI 10.1007/978-3-658-10922-6_4

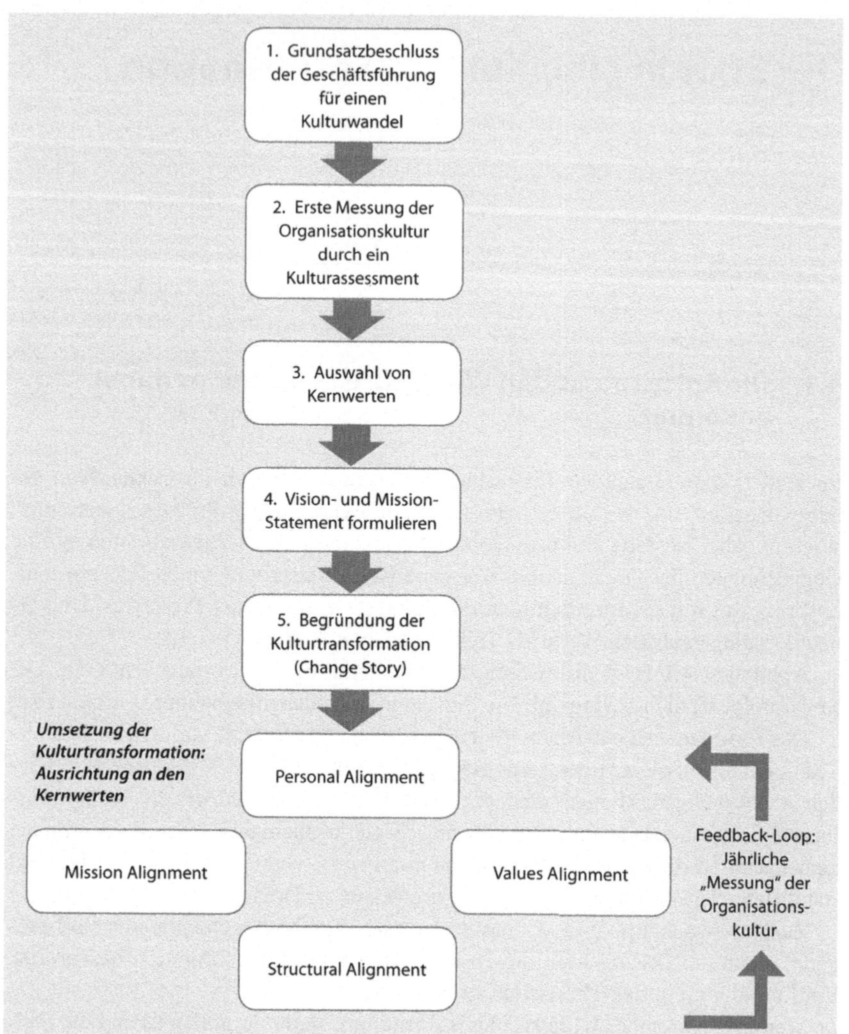

Abb. 4.1 Überblick über den Prozess einer Kulturtransformation. (Quelle: Barrett 2014, S. 50)

Zu 2. Vor jeder ersten **„Messung" der Kultur** steht die Überlegung, wie die Beteiligten für die Online-Befragung zu gewinnen sind. Denn nur eine hohe Rücklaufquote lässt aussagekräftige Ergebnisse zu. Eine hohe Beteiligung beschleunigt überdies den Drive der Mannschaft, sich mit dem Transformationsprozess zu beschäftigen. Außerdem gilt: Befragungen wecken grundsätzlich Erwartungen. Verbindlichkeit fördert also, wer schon vorher ankündigt, in welcher Form Konsequenzen aus den Ergebnissen abgeleitet werden. Klar ist, dass der Betriebsrat einer Befragung aller Mitarbeiter zustimmen muss. Beziehungspflege und Transparenz motivieren dann auch die Arbeitnehmervertreter, die anonyme Online-Erhebung zu unterstützen und Mitarbeiter zu ermutigen. Möglich ist es auch – wie im letzten Kapitel beschrieben –, im ersten Schritt ausschließlich die Antworten der Führungskräfte zu erheben und die Mitarbeiter anschließend zu befragen. Der Vorteil dieses 2-Stufen-Plans ist es, dass die Führungskräfte überzeugender berichten und ihre Mannschaft dafür gewinnen können.

Zu 3. Die **Auswahl von Kernwerten** unterscheidet sich eklatant von der Formulierung von Leitbildern. Hier kommt es nicht darauf an, dass das Top-Management sich bei einer Klausur in einer Berghütte kreativ austobt, mit dem Ergebnis, dass der CEO wie Moses mit den zehn Geboten vom Berg Sinai herabsteigt. Erfolgsentscheidend ist es, dass sich die Führung auf die Botschaften aus dem ersten Kultur-Assessment einlässt und daraus maximal fünf Werte auswählt. Dazu sucht sie ein geeignetes Set an Werten aus: erstens aus den Top-Ten der persönlichen Werte und zweitens aus den Werten der gewünschten Kultur. Nur so vermittelt die Führung glaubhaft, dass sich das Unternehmen in der Kulturtransformation auf die Bedürfnisse der Menschen einlässt und sie von Anfang an beteiligt. Diese Kernwerte gelten nicht unbedingt bis in alle Ewigkeit; sie entstammen der gegenwärtigen Kultur und werden mit zunehmendem Prozessfortschritt allmählich obsolet. Neue Kernwerte treten dann in den Vordergrund.

Wichtig ist, die Kernwerte mit Verhaltensweisen zu erläutern. Ein Beispiel hierfür zeigt Abb. 4.2.

Werte	Verhaltensweisen
Verantwortung	Übernimmt für seine Handlungen die Verantwortung Gibt Fehler zu, lernt daraus und korrigiert sich entsprechend Tut waser/sie sagt und hält seine/ihre Versprechen
Teamarbeit	Liefert aktiv Beiträge und übernimmt Verantwortung fürs Ganze Respektiert die Meinungen anderer und hört aktiv zu Bittet Teammitglieder um Unterstützung und Feedback
Vertrauen	Ist unvoreingenommen und offen Begegnet anderen respektvoll und fair Handelt integer und unterstützt die Kollegen

Abb. 4.2 Werte und Verhaltensweisen. (Quelle: Eigene Erstellung)

Ein anderes Unternehmen mag genau diese Werte mit anderen Deutungen für sein Handeln erläutern, die zu der eigenen Kultur passen. Aus einem „Konversationslexikon" abzuschreiben ist also nicht zu empfehlen.

Zu 4. Ein spezielles CTT-Tool dient der Formulierung der **Vision- und Mission-Statements** (Barrett 2014, 202 ff.). Eine zentrale Frage eröffnet die Entwicklung des Mission-Statements: „In welchem Business sind wir denn wirklich zuhause und welchen Platz nehmen wir darin ein? Oder welchen Platz möchten wir darin einnehmen?" Es folgen wiederholt Fragen nach dem Geschäftszweck und dessen internem und externem Zweck: „Welchen Nutzen stiften wir für unsere Kunden?" oder „Wohin soll uns unsere Mission eines Tages führen (Vision)?" Das vertiefende Weiterbohren fördert schließlich den gesellschaftlichen Zweck der eigenen Mission zutage (Abb. 4.3).

Diese Arbeit läuft auf vier kurze Statements hinaus, die sich einprägen. Vier klare Botschaften, die inspirieren. Aus gutem Grund: Jeder versteht, was die Organisation zum Wohle ihrer Mitarbeiter, Kunden und der Gesellschaft jetzt und langfristig antreibt. Und natürlich bilden die Kernwerte die Basis dafür. Auf diese Weise werden so sinnfreie Visionen wie „Wir sind die Nummer eins auf dem XY-Markt" zuverlässig ausgeschlossen. Das Formulieren ist Aufgabe des Top-Managements. Die Führungsspitze ist gut beraten, sich dazu Feedback aus den Ebenen darunter zu holen.

Hier als Beispiel zum besseren Verständnis die Formulierungen des Barrett Values Centre (von unten nach oben zu lesen):

Zu 5. Die Change Story mit der **Begründung der Kulturtransformation** darf nicht in erster Linie auf konkrete Missstände im Unternehmen verweisen. Noch sollte sie darauf eingehen, wie die Unternehmensspitze Mängel zu beseitigen gedenkt. Sie dockt besser bei den Mitarbeitern auf allen Ebenen an, wenn sie sich auf die Diskrepanz der gegenwärtigen und der gewünschten Kultur bezieht und damit die Steigerung des Engagements der Mitarbeiter in den Mittelpunkt rückt.

Die Change Story gibt Antworten auf folgende Fragen:

- Warum wollen oder müssen wir uns verändern?
- Was ist das Ziel der Veränderung? Was wird dadurch besser?
- Was ist neu, was bleibt?
- Warum machen wir es so?
- Wie passt die Veränderung in die gesamte Strategie?
- Welche Vorteile entstehen für den Einzelnen? Und welche Nachteile?
- Wie werden diese abgemildert?
- Was passiert wann und was als Nächstes?

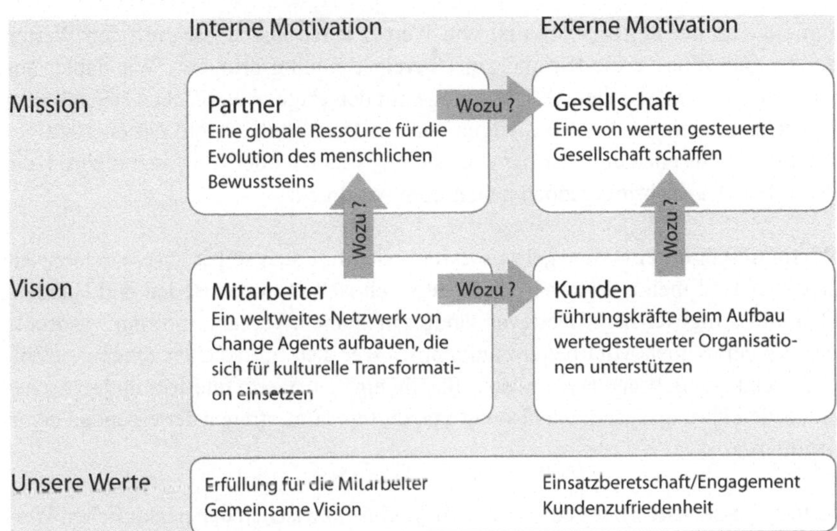

Abb. 4.3 Mission-/Vision-Statement des Barrett Values Centre nach dem 4 WHY's-Process. (Quelle: Barrett Values Centre (2015))

Die Reihenfolge der ersten fünf Schritte der Kulturtransformation ist keineswegs immer so angeordnet wie hier. Das Verfahren ist flexibel. So kann die Change Story bereits die Einladung zum Kultur-Assessment flankieren. Möglich ist es auch, dass das Top-Managementteam den Grundsatzbeschluss erst im Verlauf der ersten Schritte fasst.

4.2 Die Kulturtransformation umsetzen: Die vier zentralen Aufgaben

Die Prozessübersicht in Abb. 4.1 zeigt, dass die unteren vier Felder nicht mehr in einer Reihung zueinander stehen. Ab jetzt sind vier Aufgaben am besten „gleichzeitig" zu verfolgen. Und dazu steigt die mittlere Führungsebene in den Prozess ein. Ihn zu komponieren und dabei die Führungskräfte zu unterstützen erfordert eine gewisse Kompetenz in Change Management. Worum geht es dabei?

Richard Barretts Entwicklung von CTT liegt eine zentrale Überzeugung zugrunde: „Organizations don't change, people do!" (Organisationen ändern sich nicht, nur Menschen tun das! (Barrett 2014, S. XXII). Der Umsetzungsprozess einer Kulturtransformation nach CTT sollte daher eine Vielzahl individueller Entwicklungsprozesse anregen, in der Absicht, dass sich die Menschen – und in erster

Linie die an der Spitze – *bewusst* von Werten leiten lassen, sich mit den Werten der Organisation verbinden und „in Übereinstimmung bringen". Wir haben uns dazu entschieden, die vier Aktionsstränge mit den original englischen Begriffen zu bezeichnen, weil der Begriff „Alignment" im Deutschen sowohl ein eher aktives Abstimmen als auch ein eher passives sich Ausrichten oder Anpassen meint. Kein deutscher Begriff bringt jedoch beides zum Ausdruck.

Personal Alignment Hier geht es darum, sich mit sich selbst auseinanderzusetzen. Was sind meine Werte? Und wie lebe ich sie? Stimmen Reden und Handeln überein? Bringe ich mein Werteverständnis in meinem Verhalten so zum Ausdruck, dass es bei meinen Mitarbeitern ankommt? Wer sich mit solchen Fragen auseinandersetzt, steigert das Bewusstsein für die eigenen Werte und tritt authentischer auf. Jede Führungskraft kann also nur von diesem Hinterfragen der eigenen Person profitieren.

Values Alignment Hier geht es um den Abgleich zwischen den persönlichen Werten von Mitarbeitern, den gegenwärtigen Werten der Organisation und vor allem den (neuen) Kernwerten. Denn die Mitarbeiter sollen sich zuhause fühlen in der angestrebten Kultur. Dazu ist in jedem Fall zu klären, welches Verhalten die Werte von Mitarbeitern erfordern. Denn zum Beispiel fordert der Wert Verantwortung von Mitarbeitern einer Personalabteilung etwas anderes als von der Vertriebsmannschaft. Und genau das sollte jeder für sich selbst auf der Grundlage der unter Punkt 3 beispielhaft genannten Definitionen herausarbeiten.

Structural Alignment Hier geht es um die Anpassung von Strukturen, Vorschriften und um Prozesse der Organisation in Bezug auf die Mission, Vision und die Kernwerte. Damit formt das Unternehmen neue Rahmenbedingungen für das Verhalten der Mitarbeiter. Das ist die Aufgabe von Fachbereichen.

Mission Alignment Jeder Mitarbeiter erhält die Gelegenheit, sich die neue Mission und Vision klarzumachen. So erkennt jeder Einzelne, welchen Beitrag er dazu leisten kann. Das steigert die Identifikation mit der Organisation.

Damit die Menschen in einer Organisation allmählich mit den Kernwerten, der Mission und der Vision immer besser übereinstimmen, braucht es eine Einladung dazu, sich der Soll-Kultur zu stellen. CTT halten dafür zahlreiche Tools parat, Formate für Workshops (Verweis: „Get Connected") und spezielle Assessments, die „das Alignment" einzelner Führungskräfte oder der Subkultur von Teams damit besprechbar machen. Das werden wir jetzt anhand von Beispielen vertiefen.

5 Die Umsetzung. Permanente Auseinandersetzung mit Werten

Warum reden wir von Kulturtransformation und nicht von einem „Projekt" zur Kulturveränderung? Die Mobilisierung von Bewusstwerdungsprozessen für Werte auf breiter Front ist kein Projekt mit einem definierten Ziel und Termin. Dieser Prozess soll als ein fortlaufender verstanden werden. Dennoch kann diese Transformation in gleicher Weise gemanagt werden wie die übrigen Geschäfte. Die Akteure vereinbaren Zwischenziele, arbeiten Pläne aus und setzen sie um. Schlüsselkennzahlen dienen dazu, regelmäßig den Fortschritt zu erfassen; dann werden Anpassungen in Abhängigkeit der Ergebnisse vorgenommen. Die drei wesentlichen Kennzahlen nach CTT sind **Values Alignment**, **Mission Alignment** (siehe Abb. 5.1) und die **Entropie**. Dabei handelt es sich um Indizes, die unmittelbar über das Engagement der Mitarbeiter Auskunft geben. Ein kulturelles Werte-Assessment liefert diese drei Kennzahlen. Abbildung 5.2 zeigt die Kulturtransformation einer großen Bank in den Jahren 2005 bis 2009. Beeindruckend ist, dass die Entropie – also das Maß für die Energie, die aufgrund von Konflikten, Reibereien und Frustration unproduktiv verpufft – von 25 auf 13 % zurückgeht (Anteil der Nennungen für potenziell limitierende Werte an der Gesamtzahl aller Nennungen).

Im Jahr 2005 waren zwei limitierende Werte unter den Top-Ten-Werten: „Bürokratie" und „Silo-Mentalität". 2006 konnte sich nur noch „Bürokratie" in der Spitzenposition behaupten. Danach verschwanden beide Werte aus den Top-Ten. „Ergebnisverantwortung" rückte von Platz drei in 2005 auf Platz eins im Jahr 2008, „Kundenorientierung" und vor allem „Kundenzufriedenheit" nahmen in dieser Zeit an Bedeutung zu. Genauso gewannen „Teamarbeit" und „Leistung" an Relevanz, die es ab 2006 bzw. 2007 unter die Top-Ten schafften. Die Kennzahl für Mission Alignment, also die Anzahl der übereinstimmenden Werte zwischen gegenwärtiger und zukünftiger Kultur, wuchs von drei auf sechs Werte (fettge-

A. M. Bokler, M. Dipper, *Changemanagement mit Cultural Transformation Tools*, essentials, DOI 10.1007/978-3-658-10922-6_5

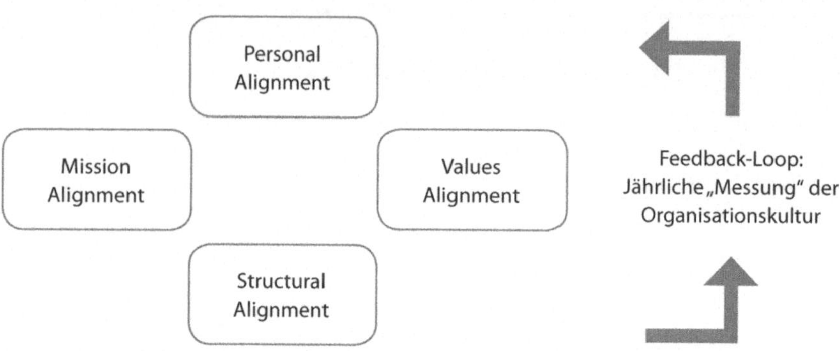

Abb. 5.1 Alignment-Prozess. (Quelle: Barrett 2014, S. 50)

druckte Werte in der Abbildung); die Differenz zwischen der gegenwärtigen und der erwünschten Kultur verringerte sich also stetig. Es deutet alles darauf hin, dass die Zufriedenheit mit der Kultur gestiegen ist. Die Kennzahl für Values Alignment, nämlich die Anzahl der Übereinstimmungen von persönlichen Werten mit denen der gegenwärtigen Kultur, stieg in dieser Zeit – wenngleich nur langsam – von einer auf zwei Übereinstimmungen (siehe Abb. 5.2). Hier gibt es noch deutlichen Spielraum nach oben. Das Ergebnis (operativer Gewinn) wuchs zwischen 2005

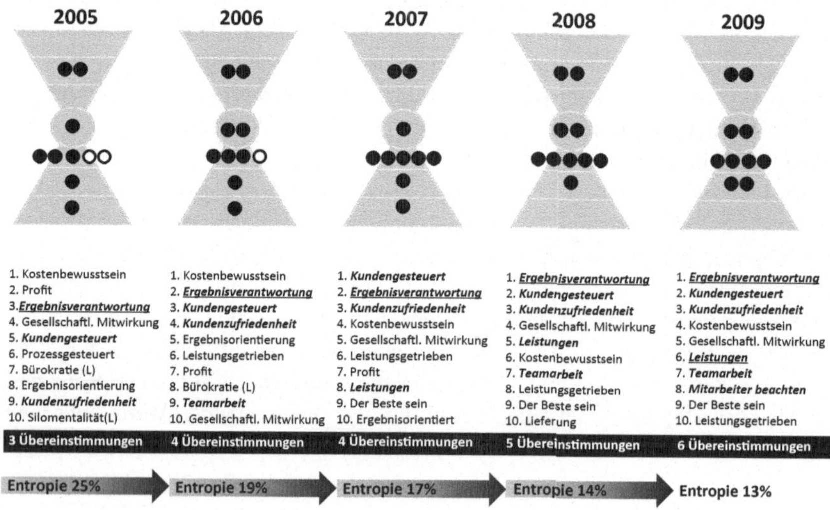

Abb. 5.2 Case Study: Nedbank: Die Kulturtransformation einer Bank anhand der CTT-Schlüsselkennzahlen. (Quelle: Barrett Values Centre (2009))

und 2009 um zirka 54 % trotz der Finanzkrise. Das spricht für eine hohe Resilienz in dieser Phase – bemerkenswert für eine Bank (Barrett Values Centre 2009).

Fazit: CTT machen es möglich, den Fortschritt einer Kulturtransformation recht einfach zu erfassen und zu steuern. Welche Stellhebel bieten CTT, um eine Kulturtransformation im besten Sinne zu realisieren? Darauf gehen wir in diesem Kapitel ein. Wir erklären die vier Aufgabenfelder des Alignments und bringen Beispiele aus der Praxis. Wichtig ist: In der Realität besteht die Umsetzung einer Kulturtransformation aus einer gelungenen Mischung von Aktivitäten zu allen vier Aufgabenbereichen, die die jeweilige Situation der Organisation berücksichtigt.

5.1 Erste Priorität: Entropie senken

Zunächst geht es darum, die Entropie zu senken. So lautet die Empfehlung nach CTT, wenn es darum geht, Prozesse einer Kulturtransformation zu gestalten. Jedenfalls dann, wenn die Entropie höher als zehn Prozent liegt. In der Tat ist das laut einer Untersuchung in 85 % der Fall (Barrett 2014, S. 104 f.). Die der Entropie zugrundeliegenden potenziell limitierenden Werte deuten recht zuverlässig darauf hin, was die Mitarbeiter in ihrem Engagement behindert. Deshalb ist es leicht zu verstehen, dass zwischen der kulturellen Entropie und der Geschäftsentwicklung eine enge inverse Verbindung besteht. Je höher die Entropie, umso schlechter sind die Geschäftsergebnisse (Barrett 2010a, S. 9). Und im Allgemeinen drücken die Mitarbeiter mit der Wahl ihrer Werte zur erwünschten Kultur klar aus, was ihre Organisation leistungsfähiger macht. Das Beratungsunternehmen Hewitt hat 2009 bei 900 Organisationen den Zusammenhang von Engagement – Hewitts Untersuchungsdomäne – und Entropie eindrucksvoll nachgewiesen (Barrett 2010b, S. 388).

Es sind immer die Menschen an der Spitze eines Unternehmens, die eine Kultur prägen. Deshalb denken zunächst die Führungsteams darüber nach, welches Führungsverhalten die limitierenden Werte wie „Bürokratie“, „Silo-Mentalität“ oder „Interner Wettbewerb“ bei der Mitarbeiterbefragung hervorgerufen hat. Und sie setzen sich damit auseinander, wie diese Fehler in der Führung abzustellen sind.

Ein Beispiel: Mitarbeiter, die internen Wettbewerb als charakteristisches Muster organisationalen Verhaltens ansehen, erleben Folgendes: Sie selbst oder ihre Kollegen stehen eher miteinander im Wettbewerb, als dass sie zusammenarbeiten. Sie sind wohl mehr auf ihren eigenen Vorteil bedacht als auf das gemeinsame Interesse. Solche Menschen betrachten das Arbeitsleben als Nullsummenspiel mit Verlierern und Gewinnern. Welches Führungsverhalten steckt dahinter? Und von welchen einschränkenden Überzeugungen wird es geleitet? Welche Überzeugungen wären adäquater, und was braucht die Führung, um sich davon künftig leiten zu lassen? Das sind die Fragen, die sich zunächst das Management an der Spitze selbst stellen muss. Erst danach folgen Überlegungen, wie die nächsten Führungsebenen für ein neues Führungsverhalten gewonnen werden können. Ein Aspekt, der perfekt zum nächsten Thema Personal Alignment überleitet.

5.2 Personal Alignment: Was ist mir persönlich wichtig?

Verhaltensänderung startet damit, dass Sie sich mit Ihren eigenen Werten auseinandersetzen. Was ist mir persönlich wichtig im Kontext meiner Arbeit? Was bedeutet die Wahl eines bestimmten Wertes für mein Verhalten? Welche Interpretation bietet das Barrett-Modell der sieben Ebenen des Bewusstseins an? Was wäre zu tun, um meine „Leadership Performance" zu verbessern? Sie können sich mit Ihren persönlichen Werten direkt selbst vertraut machen (Verweis PVA im Anhang) (Abb. 5.3).

Wir empfehlen, dass jedes Mitglied des Top-Managements sich seiner persönlichen Werte bewusst wird. Das macht das Handeln authentischer. Deshalb schlagen wir vor, regelmäßig die persönlichen Antworten auf die drei Fragen der Online-Befragung für das Kultur-Assessment (die sogenannten Individual Values Assessments) in dieser Runde auszutauschen und die Anonymität des Verfahrens aufzuheben. Das vorletzte Kapitel legte dar, wie der Geschäftsführer des Automotive-Unternehmens vorging. Er legte sein Individual Values Assessment offen und eröffnete damit das Gespräch über die Gemeinsamkeiten und die Unterschiede in den persönlichen Werten und im Blick auf die Kultur. Damit beginnt ein Entwick-

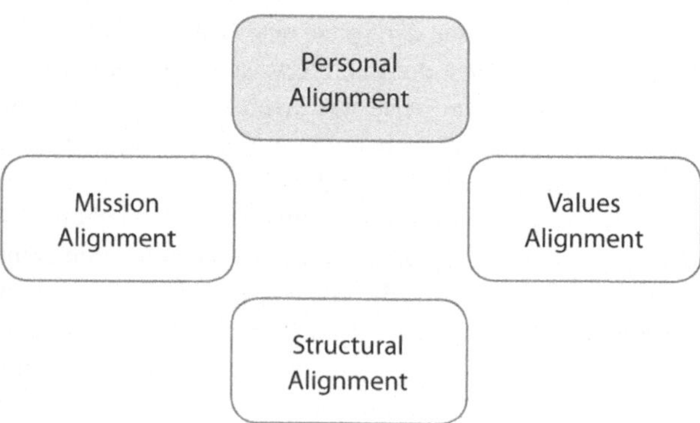

Abb. 5.3 Personal Alignment

lungsprozess, der das Wertebewusstsein jedes Einzelnen fördert, die Werte in seinem Verhalten für andere erkennbar macht oder künftig transparent machen kann.

Ein spezielles CTT-Tool für dieses Aufgabenfeld ist das sog. *Leadership Values Assessment (LVA)* oder *Leadership Development Report (LDR)* (Verweis Anhang), ein 360°-Feedback auf der Grundlage von Werten. Dabei werden die persönlichen Werte einer Führungskraft mit den Werten verglichen, die deren Feedbackgeber (Mitarbeiter, Peers, Kunden, Vorgesetzte) erkennen. Die Differenzen sind Anlass, über die eigene Authentizität nachzudenken und mit der Unterstützung eines Coachs zu überlegen, wie Reden und Handeln in eine bessere Übereinstimmung zu bringen ist. In seinem Werk „The New Leadership Paradigm" (2010b) stellt Barrett umfangreiches Material für Leadership Development Programme – auch zum Selbststudium – zur Verfügung.

5.3 Structural Alignment: Der passende Rahmen für wertebezogenes Handeln

Welche „Strukturen" sind anzupassen, um Rahmenbedingungen zu schaffen, die die Kulturtransformation unterstützen? (Abb. 5.4).

Zunächst ist zu klären, wer für die Transformation zuständig ist. Normalerweise kommt diese Verantwortung den Führungskräften zu. Bei größeren Unternehmen ist es eher angebracht, die Aufbauorganisation zu ergänzen. Ein Beispiel: Volvo IT, eine eigenständige 6000-Mann-Einheit von Volvo Trucks Corporation. Dort werden „Kultur-Botschafter" mit einem „Kultur-Manager" an der Spitze berufen, der (nicht-stimmberechtigtes) Mitglied der Geschäftsführung war. Diese „Botschafter"

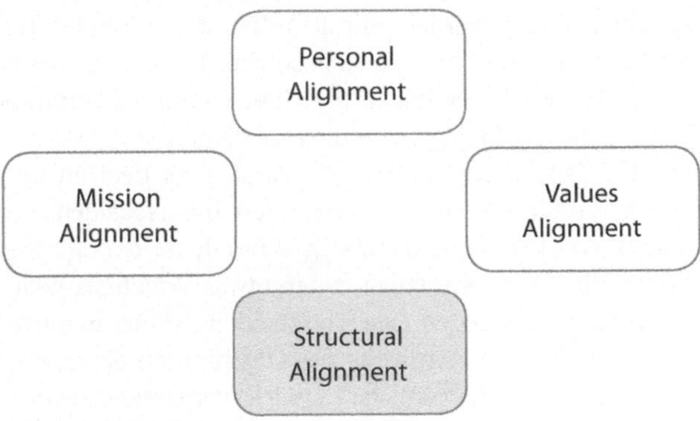

Abb. 5.4 Structural Alignment

hatten nicht die Kultur in den Funktionsbereichen zu definieren. Ihre Funktion war es, deren Umsetzung anhand von Mission, Vision und Kernwerten zu begleiten und die Führungskräfte dabei zu unterstützen (Barrett 2014, S. 175 ff.).

Selbst wenn viele nicht daran denken, solche Multiplikatoren zu installieren, kommen Organisationen nicht ohne ein Qualifizierungsprogramm zum Thema Kulturtransformation aus. Denn externe Berater sind an dieser Stelle keine Lösung. Führungskräfte sollten ausgebildet werden, ein Werte-Assessment durchzuführen und die Ergebnisse mit den Betroffenen zu besprechen. Überhaupt ist es über kurz oder lang unumgänglich, die Programme zur Führungskräfteentwicklung neu auszurichten, um die Werteorientierung und eine auf Dialog gegründete Kultur zu fördern.

Dieses Alignment kann sich an den Aufgaben aus dem von Malik (2014, S. 382) definierten Modell der Wirksamkeit der Führung orientieren. Die Führungskräfte können allein oder im Managementteam dazu reflektieren:

- Wie sorgen wir für Ziele?
- Wie organisieren wir uns und wie lösen wir Probleme?
- Wie kontrollieren, messen und beurteilen wir?
- Wie treffen wir Entscheidungen?
- Wie fördern und entwickeln wir Menschen?
- Wie verhalten wir uns in Meetings?

Im Grunde müssen die Prozesse in allen Funktionsbereichen modifiziert werden (Ablauforganisation), damit sie den Kernwerten und der Mission entsprechen und damit sie auf die Vision ausgerichtet sind. Am offensichtlichsten ist das beim Personalbereich. Personaler werden darüber nachdenken, wie die Rekrutierungs-, Beurteilung- und Incentivierungsprozesse so angepasst werden, dass die neuen Kernwerte handlungsleitend werden; mit dem Ziel, die passenden Bewerber auszuwählen. In die engere Wahl kommen dann solche, die sich von der neuen Kultur angezogen fühlen. Personaler erkennen überdies, wie jene Führungskräfte Wertschätzung erfahren, die das Engagement ihrer Leute gesteigert haben.

Eine weitere CTT-spezifische strukturelle Anpassung liegt im Entscheidungssystem:Es geht um die Einführung des wertebasierten Entscheidens („values based decision making"). Was hat es damit auf sich? Wir alle treffen Entscheidungen auf Basis reflektierter Überlegungen, wenn es um etwas Wichtiges geht. Neben den logischen Gründen für oder gegen eine Entscheidung sollen in einer werteorientierten Kultur aber immer die Kernwerte der Organisation den Ausschlag geben. Die Fähigkeit dazu setzt eine persönliche Entwicklung voraus, die die unteren drei Ego-zentrierten Ebenen von Barretts Bewusstseinsmodell überwunden hat (Barrett

2014, S. 189 ff.). Und darum bedarf es einer Routine, vorläufige Entscheidungen diesem Test zu unterziehen und sie wieder zu verwerfen, sobald sie einem Kernwert widersprechen. Wenn in einer Organisation unter Hinweis auf die Kernwerte eine Entscheidung überrascht, weil sie mit Nachteilen für bestimmte hochrangige Personen oder Gruppen oder für das Geschäft verbunden ist, hat das eine große Wirkung auf die Glaubwürdigkeit der Kulturtransformation. Denn allen wird klar, wie relevant Kulturtransformation für die Führung ist.

5.4 Values Alignment: Wie gut passe ich hierher und was wird von mir erwartet?

Gleiche ich meine persönlichen Werte mit den Werten der gegenwärtigen Kultur ab, erkenne ich, wie gut ich mich mit der Organisation identifiziere. Damit die Kernwerte einer Organisation gelebt werden, sollten sich alle Mitarbeiter mit diesen Werten vertraut machen. Sie sollten für sich klären, wie sie sich in diesem Kontext bestenfalls verhalten. Das ist Gegenstand eines **Values Alignment Workshops**. Zunächst machen sich die Mitarbeiter mit dem Modell von Richard Barrett vertraut (siehe Anhang). Sie verstehen, was sie motiviert, was Werte sind und wie diese verschiedenen Ebenen von Bedürfnissen und damit Bewusstseinsebenen zugeordnet sind. Und sie erkennen, dass sich Bedürfnisse im Verlauf des Lebens und des Reiferwerdens verändern. Außerdem lernen sie, dass sich mit Hilfe der sieben Bewusstseinsebenen sowohl Gruppenbedürfnisse als auch Individualbedürfnisse interpretieren lassen (Abb. 5.5).

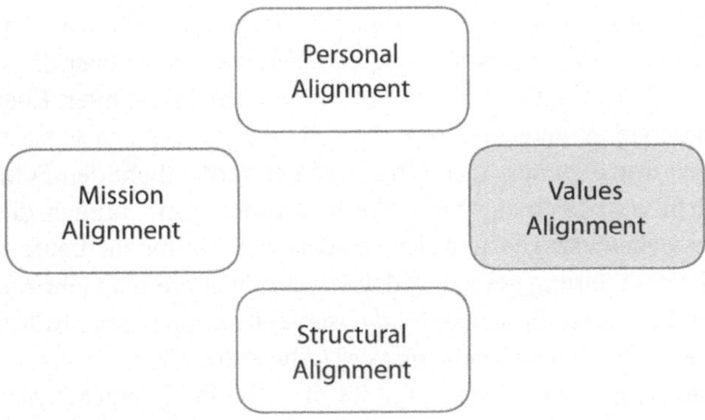

Abb. 5.5 Values Alignment

Die Auseinandersetzung mit Kernwerten steigert die Identifizierung mit der Organisation oder mit Teilen davon, wenn die Gelegenheit besteht, a) zu verstehen, wie und warum diese ausgewählt wurden, und b) gemeinsam mit Kollegen zu erarbeiten, welche Konsequenzen sich daraus ableiten. Für jeden Funktionsbereich bedeutet jeder neue Kernwert etwas anderes. Neue Kernwerte erfordern unter Umständen neue Abläufe, Vorgehensweisen und Spielregeln, wie wir bereits im letzten Abschnitt zu „Structural Alignment" gezeigt haben. Der Values Alignment Workshop thematisiert, welches Verhalten von jedem einzelnen Mitarbeiter erwartet werden darf. „Offene Kommunikation" kann in der Entwicklungsabteilung bedeuten, dass ein Entwicklungsteam offen über Probleme bei der Produktentwicklung miteinander spricht – anstatt beispielsweise Fehler zu verbergen. Wie muss sich der Chef der Abteilung verhalten (Beispiel: Interesse zeigen für ungelöste Probleme)? Wie soll sich ein Mitarbeiter verhalten (Beispiel: sich von Kollegen beraten lassen)? Und wie können sie sich gegenseitig dabei unterstützen, die neue Kultur wirklich zu leben?

Ein Unternehmen führte folgendes Ritual ein, um Verbundenheit mit den Kernwerten zu stärken: Zu Beginn eines Meetings werden die Werte und ihre Definition auf der Verhaltensebene laut vorgelesen. Die Teilnehmer reflektieren kurz darüber, wie das Meeting davon profitieren kann. Zum Schluss wird überprüft, wie die Beschlüsse mit diesen Werten übereinstimmen.

5.5 Mission Alignment: Was bringt uns voran auf dem Ziel zu unserer Wunsch-Kultur?

Die Differenz zwischen der gegenwärtigen und der erwünschten Kultur zeigt sich sofort auf jeder Darstellung der Ergebnisse eines Kultur-Assessments: Wie viele Werte unter den Top-Ten-Werten stimmen überein (vgl. Abb. 3.1 und 3.5)? Und wie gestaltet sich die Übereinstimmung der Werteverteilung über die sieben Ebenen? Kreuzen die Befragten die gleichen Werte einer bestimmten Ebene nicht so häufig an, dass sie es unter die Top-Ten schaffen, ist der Prozentsatz der Voten für jede Ebene trotzdem aussagekräftig. Denn er verdeutlicht den Fokus der Mitarbeiterbedürfnisse beziehungsweise die Motivation. Um folglich die Differenz zwischen der gegenwärtigen und der gewünschten Kultur im Laufe der Zeit zu verringern, ist die Führung gefordert, den erwünschten Werten mehr Nachdruck zu verleihen. Und kommen in den Befragungsergebnissen zur gegenwärtigen Kultur überhaupt die verkündeten Kernwerte vor? (Abb. 5.6).

In **Mission-Alignment-Workshops** für die Mitarbeiter machen sich diese mit der Mission und der Vision der Organisation vertraut. Dann überlegen sie, was sie ihrer Position und Tätigkeit entsprechend beitragen können, um die Transforma-

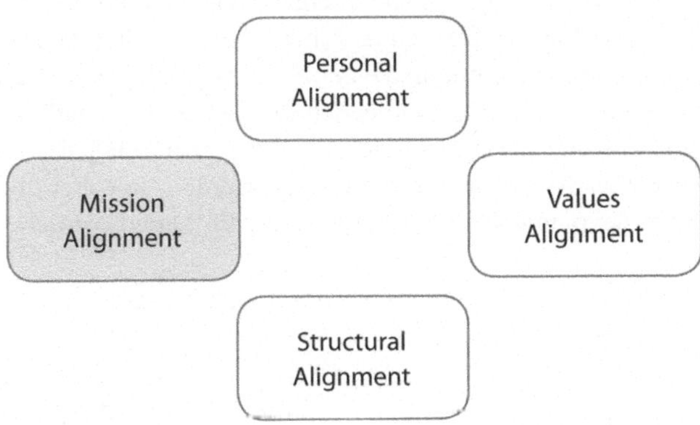

Abb. 5.6 Mission Alignment

tion in Richtung erwünschter Kultur zu unterstützen. Steigert das auch tatsächlich ihre Motivation und ihr Engagement? Die Auseinandersetzung mit diesen Themen bietet Gelegenheit, die eigene Rolle und den eigenen Beitrag zum großen Ganzen zu verstehen. Das offenbart den Sinn der eigenen Tätigkeit. Sollten in der gegenwärtigen Kultur potenziell limitierende Werte vorkommen, dann wird zuerst daran gearbeitet, diese Barrieren für das Engagement auf Ebene der Mitarbeiter abzubauen (vgl. 5.1).

In der Prozesspraxis von Kulturtransformationen werden die Aktionsfelder von Values Alignment und Mission Alignment oft in einem Workshop zusammengelegt. Der Grund: Die Ergebnispräsentation zur Umfrage zeigt beide CTT-Schlüsselkennzahlen. Wie viele persönliche Werte stimmen mit den Werten der gegenwärtigen Kultur überein (Values Alignment)? Und wie viele Werte sind zwischen der gegenwärtigen und der erwünschten Kultur übereinstimmend (Mission Alignment)? Es liegt also nahe, beide Themenbereiche gleichzeitig anzugehen.

Ein Beispiel: Nachdem ein CTT-Experte das Modell der sieben Ebenen des Bewusstseins (siehe Anhang) erläutert und damit gezeigt hat, wie die Auswertung gelesen und interpretiert wird, werden die Ergebnisse für die ganze Organisation und für den Bereich präsentiert. Aufgeteilt in die Gruppen jeder Abteilung diskutierten die Mitarbeiter vier Fragen:

- Was ist positiv?/Was gibt's zu feiern?
- Welche „Geschichte" ist zu erkennen?
- Welche Fragen sind zu stellen?
- Was kann verbessert werden?

Die anschließende Diskussion im Plenum ergab: Wir konzentrieren uns zunächst darauf, die „Kooperation“ im Bereich zu verbessern. Danach ging es darum, welches Verhalten für jedes Teammitglied eine verbesserte Kooperation darstellt (und welches das Gegenteil bedeutet). Schließlich sammelten die Beteiligten Maßnahmenvorschläge, aus denen ein „Kulturentwicklungsplan“ für jede Abteilung bis zum nächsten Kultur-Assessment verabschiedet wurde – mit drei überprüfbaren Aktionen, einem Zeitplan und einer Klärung der dafür Verantwortlichen.

6 Wie geht's weiter? So könnten die nächsten fünf Schritte aussehen

Sind Sie Führungskraft und fragen sich: „Sollte ich wirklich das Thema Kulturtransformation angehen? Die Gefahr anzuecken ist offensichtlich. Kann ich meine Kollegen im Management für so einen Weg begeistern? Lohnt sich das? Ist das nicht eine Nummer zu groß?" Diese Gedanken kreisten auch schon in den Köpfen vieler anderer Manager, bevor sie sich für diesen Weg entschieden haben. Wir haben aus deren Erfahrungen fünf nächste Schritte abgeleitet.

1. Vertiefen Sie Ihr fachliches Wissen zum Thema Kulturtransformation.
   Sie finden dazu im abschließenden Abschnitt „Zum Weiterlesen" ein paar Hinweise.
2. Prüfen Sie sich: Überzeugt mich der Werte-orientierte Ansatz wirklich? Ist das „mein Ding"? Bin ich bereit, mich (mein Handeln) an meinen Werten messen zu lassen?
   Die aktuellen TV-Reportagen „Augenhöhe" und „mein wunderbarer Arbeitsplatz " (Links im Kapitel „Zum Weiterlesen") belegen eindrucksvoll, dass dieses Thema den Puls der Zeit trifft. Spüren Sie, wie diese Beispiele Sie ansprechen?
3. Finden Sie Verbündete. Innerhalb und eventuell auch außerhalb des Unternehmens.
   Es braucht eine kritische Masse von Menschen an der Spitze, die diesen Weg nicht nur mitgehen wollen, sondern darauf brennen, ihn selber zu gehen, Verantwortung dafür zu übernehmen. Wer denkt schon so ähnlich? Wer muss unbedingt gewonnen werden? Welche Unterstützung von außen könnten Sie dazuholen? Sie brauchen keine Mehrheiten. Auf „die Richtigen" kommt es an.
   Und nehmen Sie Kontakt zu solchen Organisationen auf, die schon auf diesem Weg vorangegangen sind. Erfahrungsgemäß sind diese besonders offen, darüber zu reden und bereitwillig ihr Wissen zu teilen.

A. M. Bokler, M. Dipper, *Changemanagement mit Cultural Transformation Tools*, essentials, DOI 10.1007/978-3-658-10922-6_6

4. Erkennen Sie den Zusammenhang einer Kulturtransformation mit den strategischen Themen, die Ihre Organisation ohnehin schon beschäftigen.
   Warum ist zum Beispiel das Thema „Lean Management“ immer noch nicht nachhaltig bei Ihnen eingeführt? Oder EFQM? Oder Kundenorientierung? Oder ein Beispiel aus einer anderen Branche: Warum kommt das Thema „Schulentwicklung“ nicht voran und bleibt im Klein-Klein hängen, so dass die Energie dafür versackt statt zu wachsen?
   Vermeiden Sie also den Eindruck, eine Kulturtransformation sei „ein weiteres Change-Projekt“. Sie bietet vielmehr den „Überbau“ (oder Unterbau, wenn Sie mögen) für andere strategische Vorhaben.
5. Ergreifen Sie die Gelegenheit zum Aufbruch.
   Der richtige Zeitpunkt lässt sich nicht errechnen. Aber nach all den Vorbereitungen, nachdem Sie all die aufgeführten Schritte gegangen sind, werden Sie wissen, wann es so weit ist, sich auf den Weg zu machen. In dem Wissen, dass es kein kurzer Sprint sein wird, eher eine Marathon-Distanz. Die aber muss zum Glück nicht auf einmal genommen werden, Phasen des Gehens und sogar Pausen sind erlaubt, solange Sie das Ziel nicht aus den Augen verlieren. Und genießen Sie die Erfahrung zunehmender Erfüllung bei Ihrer Arbeit und durch ein WERTEvolles Leben!

Was Sie aus diesem Essential mitnehmen können

Wer eine gesunde oder vitale Unternehmenskultur – wie Brandes et al. (2014) sie nennt – erhalten oder erreichen möchte, braucht mehr als eine gute Absicht. Während einige Unternehmen stirnrunzelnd in ihrem Wunschdenken verharren, verwandeln sich vorausschauende Organisationen mit Richard Barretts CTT Cultural Transformation Tools zukunftssicher. Und wie das funktioniert, hat Ihnen dieses Essential gezeigt, Ihr Werkzeugkoffer, um „das neue Denken“ aufzurüsten mit wertvollen Tipps für alle, die CTT effizient nutzen möchten.

Sie haben erfahren, wie

- Engagement und Kultur zusammenhängen und wie Sie mit CTT aus dieser Verbindung Fahrt aufnehmen,
- CTT die gegenwärtige und die gewünschte Kultur „einfach“ darstellt und einen fundierten Dialog erleichtert,
- die Kultur entwickelt werden soll oder kann,
- wie Sie die Beteiligten dazu bringen, einen Entwicklungs-/Veränderungsprozess zu akzeptieren und
- kurzum: Unternehmen mit CTT aus Potenzialen schöpfen und ihre Produktivität steigern.

A. M. Bokler, M. Dipper, *Changemanagement mit Cultural Transformation Tools*, essentials, DOI 10.1007/978-3-658-10922-6

Zum Weiterlesen

Cultural Transformation Tools (CTT) Die unter dem Begriff CTT zusammengefassten Methoden, die wir hier zeigen, legt Richard Barrett in seinem 2014 veröffentlichten Werk „The Values-Driven Organization. Unleashing Human Potential for Performance and Profit" dar. Es wird voraussichtlich im Spätjahr 2015 auch in deutscher Sprache im Verlag Springer Gabler erscheinen.

Simpleshow Um unser Cultural Transformation Tool zu veranschaulichen nutzen wir die Simpleshow: simpleshow Cultural Transformation Tool CTT. URL: https://www.youtube.com/watch?v=82YcAje1kXQ

Personal Values Assessment (PVA) Machen Sie sich mit Ihren persönlichen Werten vertraut. Gehen Sie dazu auf die Homepage des Barrett Values Centre und klicken Sie dort das kostenfreie „Personal Values Assessment" an, das auch in deutscher Sprache verfügbar ist: URL: http://www.valuescentre.com/products__services/?sec=personal_values_assessment_%28pva%29

Sie erhalten umgehend einen Bericht dazu und wir empfehlen Ihnen, die angebotenen Übungen auszuprobieren, z. B. aus den zehn gewählten Werten die drei auszuwählen, die Ihnen am meisten am Herzen liegen. So bekommen Sie einen Eindruck davon, wie Wertebewusstheit wirkt.

Augenhöhe Augenhöhe ist der Film für eine neue Kultur der Zusammenarbeit. Es ist ein Film über Firmen, die es anders machen. URL: http://mitmachen.augenhoehe-film.de/

Mein wunderbarer Arbeitsplatz Eine Dokumentation von ARTE mit spannenden Ideen und Konzepte aus der Praxis für eine bessere Arbeitswelt.

A. M. Bokler, M. Dipper, *Changemanagement mit Cultural Transformation Tools*, essentials, DOI 10.1007/978-3-658-10922-6

http://www.arte.tv/guide/de/051637-000/mein-wunderbarer-arbeitsplatz
https://www.youtube.com/watch?v=u8t0NpoWnc8

Barrett Values Centre Hier finden Sie alle Produkte mit Erklärung, zahlreiche Case Studies und Artikel rund um CTT. URL: http://www.valuescentre.com/

Get connected Ein Buch mit 25 ausführlich dargestellten Workshop-Formaten finden Sie zum kostenlosen Download auf der Website des Barrett Values Centres; es heißt „Get Connected". Das Werk wird voraussichtlich Ende 2015 auch in Deutsch vorliegen. URL: http://www.valuescentre.com/resources/?sec=get_connected

Anhang: Richard Barretts Modell „Die sieben Ebenen des Bewusstseins"

Die Entstehung

Richard Barrett hat sein Modell der sieben Ebenen des Bewusstseins an Maslows Bedürfnishierarchie angelehnt, die menschliche Grund- und Wachstumsbedürfnisse im individuellen Reifungsprozess veranschaulicht (Barrett 2006, S. 11 ff.). Barretts Modell fasst die beiden ersten Grundbedürfnisse zusammen und differenziert die Wachstumsbedürfnisse in den drei Ebenen „Innerer Zusammenhalt", „Einen Beitrag leisten" und „Service (Dienen)". Zusätzlich ersetzt er die Bedürfnisebenen durch Bewusstseinsebenen, weil Maslows Modell nicht die unbewussten und subjektiven Anteile von Bedürfnisbefriedigung erfasst.

Bewusstsein bedeutet nach Barrett „Wahrnehmung mit einer Absicht", nämlich die innere Stabilität und das Gleichgewicht mit dem Umfeld aufrechtzuerhalten oder zu erlangen (Barrett 2014, S. 220). Damit wird klar, warum jemand sich zwar einerseits bis auf Ebenen, die der Selbstverwirklichung zugeordnet sind, persönlich weiterentwickeln kann, andererseits aber dennoch aus den unteren Ebenen der Grundbedürfnisse („deficiency needs") heraus agieren kann (siehe Abb. 1).

Jede Ebene verkörpert spezifische existenzielle Bedürfnisse, die sich mit der persönlichen psychologischen Entwicklung (Bewusstseinsstufen) verändern. Sein Modell ist somit kompatibel mit jüngeren Forschungen psychologischer Entwicklung, etwa der von Robert Kegan und Lisa Laskow Lahey (2009).

Werte sind die Kurzform von individuellen wie kollektiven Bedürfnissen. Sie lassen sich damit bestimmten Ebenen menschlichen Bewusstseins zuordnen; wenn Menschen sich entwickeln und reifer werden, verändern sich die Werte

A. M. Bokler, M. Dipper, *Changemanagement mit Cultural Transformation Tools*, essentials, DOI 10.1007/978-3-658-10922-6

Entwicklungsstufen	*Bewusstseinsebenen der Motivation*		*Fokus*
Dienen	Service/Dienen	7	
Interdependent/ integrieren	Einen Unterschied machen	6	*Gemeinwohl*
Sich selbst verwirklichen	Innerer Zusammenhalt	5	
Unabhängig werden	Transformation	4	*Transformation*
sich unterscheiden	Selbstwert	3	
sich anpassen	Beziehungen	2	*Eigeninteresse*
Überleben	Überleben	1	

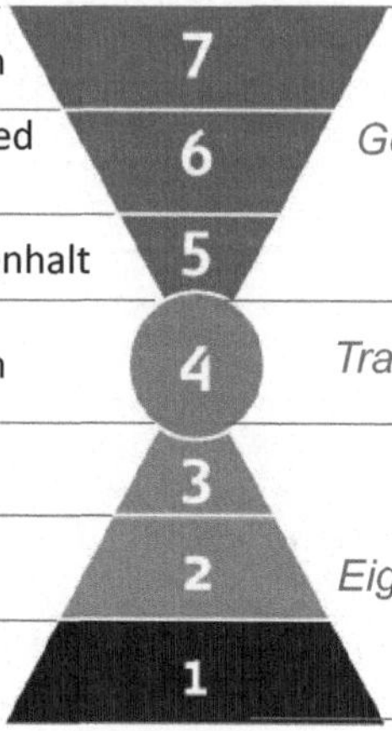

Abb. 1 Das Modell der sieben Ebenen der psychologischen Entwicklung. (Quelle: Barrett 2015, S. 2)

entsprechend ihren Bedürfnissen. Und das lässt sich auf Kollektive wie Organisationen und sogar Gesellschaften anwenden. Auch deren Entwicklungen sind bedürfnisspezifischen Bewusstseinsstufen zuordenbar, ähnlich wie Clare Graves in seinem Spiral-Dynamics-Modell zeigt (Barrett 2006, S. 132 ff.).

Auf Basis der Abfrage von Werten und Verhaltensweisen hat Barrett ein Diagnosewerkzeug bereitgestellt. Mit dessen Hilfe können wir erkennen, welche persönlichen beziehungsweise kollektiven Bewusstseinsebenen in einer bestimmten Situation – zum Beispiel bei der Arbeit – eine Rolle spielen. Wir verstehen außerdem, welchen Entwicklungsstand das Individuum oder das Kollektiv erreicht hat. Eine „Kultur" ist damit durch einen Satz präferierter Werte definiert, die Bewusstseinsebenen zugeordnet sind. Je nach der Art des Kollektivs stellt das Barrett Values Centre eine unterschiedliche Auswahl von Werten für die Befragung zur Verfügung, das heißt für Schulen andere als für Wirtschaftsunternehmen.

Die Anwendung am Beispiel einer Organisation

Organisationen wachsen und entwickeln sich wie Individuen; auch deshalb, weil sie erfolgreich ihre Bedürfnisse „meistern". Das bedeutet: Auch Unternehmen nehmen wahr, was sie brauchen, und beherrschen diese Bedürfnisse mit zuneh-

Abb. 2 Stadien in der Entwicklung des organisationalen Bewusstseins. (Quelle: Barrett 2015, S. 77)

mender Reife. Je mehr Ebenen mit positiven Werten belegt sind, um so resilienter, das heißt widerstandsfähiger werden sie. Denn sie haben gelernt, mit immer mehr ebenenspezifischen Herausforderungen umzugehen (siehe Abb. 2).

Ebene 1: Überlebensbewusstsein Eine Organisation hat hier zum Beispiel ihre Unabhängigkeit aufgrund finanzieller Stabilität, ihres Wachstums und der Gesundheit im Blick.

Ebene 2: Beziehungsbewusstsein Respektvolle Beziehungen zu den Kunden und unter den Mitarbeitern sorgen für das Gefühl der Zugehörigkeit.

Ebene 3: Selbstwert-Bewusstsein Der Fokus liegt auf effizienten Strukturen und Prozessen, die Leistung und professionellen Stolz ermöglichen.

Ebene 4: Transformationsbewusstsein Diese Bewusstseinsebene steht für „Empowering". Hier gehen Mitarbeiter in die Mitverantwortung für die Organisation, indem man ihnen Entscheidungsspielräume gibt und sie sich für Neues öffnen.

Ebene 5: Bewusstsein des inneren Zusammenhalts Bindung eingehen mit Hilfe einer gemeinsamen Vision und vertrauensvollen Zusammenarbeit. So wird es möglich, den eigentlichen Existenzgrund zu erfüllen.

Ebene 6: Bewusstsein, einen Beitrag zu leisten Auf Basis einer partnerschaftlichen Zusammenarbeit mit ähnlich ausgerichteten Organisationen und öffentlichen Einrichtungen unterstützen sich die Beteiligten zum gegenseitigen Vorteil.

Ebene 7: Bewusstsein des Dienens Diese Ebene repräsentiert das Bedürfnis, einer größeren Sache zu dienen. Das Wohl künftiger Generationen oder gar der gesamten Menschheit gerät ins Blickfeld.

Weist das Bild der gegenwärtigen Kultur (vgl. zum Beispiel Abb. 3.1 oder 3.2) auf einer Ebene keine Punkte auf, bedeutet das, dass entweder a) das Thema für diese Organisation nicht (mehr) relevant ist oder b) sich ein Bereich künftiger Entwicklung auftut oder c) die Lücke einen „blinden Fleck" markiert.

Potenziell limitierende Werte (kursiv in Abb. 2) verweisen darauf, welche Bedürfnisse sehr wahrscheinlich massiv missachtet werden. „Bürokratie" kann zum Beispiel bedeuten, dass die Mitarbeiter sich unter einem zwanghaften Diktat von Regeln eingeengt fühlen, kann jedoch für eine bestimmte Organisation oder für einen bestimmten Entwicklungsabschnitt einer Organisation auch funktional sein. Die Frage nach dem Kontext ist zuerst zu klären. Stellt man fest, dass ein Wert limitierend ist, wird empfohlen, sich zunächst diesen Werten zu widmen. Erst dann kann eine Organisation höhere Ziele zu ihrer Entwicklung verfolgen.

Und: Der Vergleich der Werte-Assessments mit den persönlichen Werten, der gegenwärtigen Kultur und der erwünschten Kultur (Abb. 3.1 und 3.5) gibt diagnostische Hinweise zum Stand der Entwicklung einer Organisation und ihrer sinnvollen weiteren Gestaltung. Entscheidend ist es, im Dialog mit den Menschen und Organisationen die richtige Interpretation zu erarbeiten und stimmige Schlüsse zu ziehen.

Business Needs Scorecard (BNS)

Die BNS stellt in Anlehnung an das Konzept der „Balanced Scorecard" von Kaplan und Norton (1997) einen stärkeren Bezug zu der geschäftlichen Situation und zur Strategie einer Organisation her. Die vier von Kaplan und Norton bekannten Felder „Finanzen", „Kunden", „Prozesse" und „Potenziale" werden benannt (Finanzen, Externe Stakeholder, Kompetenz und Evolution) und um die Felder „Gesellschaft" und „Kultur" (differenziert nach Vertrauen/Engagement, Führung/Kommunikation und Unterstützendes Umfeld) ergänzt. Diesen Feldern werden die erhobenen Top-Ten-Werte und Verhaltensweisen für die gegenwärtige und die erwünschte Kultur nach einem Schlüssel zugeordnet, der bei Richard Barrett (2014, S. 79) näher erläutert wird.

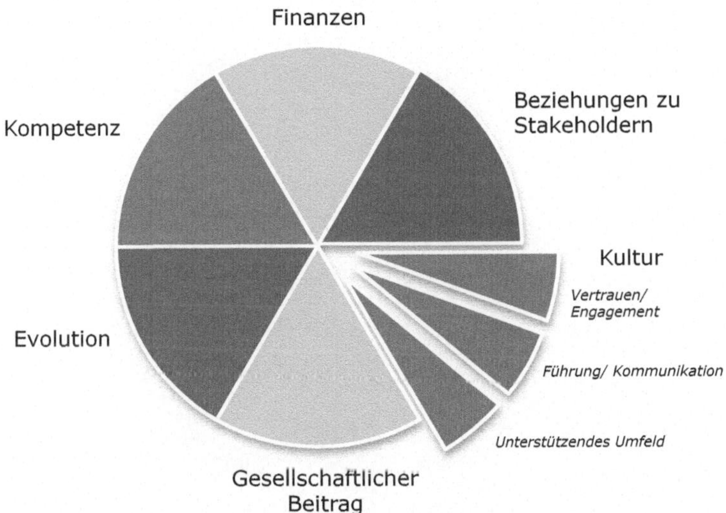

Abb. 3 Business Needs Scorecard (BNS). (Quelle: Barrett 2014, S. 89)

Die BNS in Abb. 3 eignet sich als weiteres Diagnostikwerkzeug, um zu erkennen, wie die Mitarbeiter einer Organisation ihre geschäftliche Energie gegenwärtig verteilen (Werte der gegenwärtigen Kultur). BNS offenbart zugleich, wie die Beteiligten diese zur Steigerung des Unternehmenserfolgs in Zukunft gerne verteilt sehen möchten (Werte der gewünschten Kultur); Leerstellen in diesen Feldern können ähnlich wie Lücken auf den Ebenen des Bewusstseins interpretiert werden: „Blinde Flecken" können Themen sein, die erledigt sind, oder Felder, die mehr Aufmerksamkeit verdienen. Die BNS eignet sich darüber hinaus dafür, eine ausgewogene Geschäftsstrategie zu entwickeln (Barrett 2014, S. 223).

Fassen wir noch einmal zusammen: Individuen, Gruppen und sogar Gesellschaften können sich dank des Modells der sieben Ebenen des Bewusstseins besser verstehen. Denn ihr Bewusstsein lässt sich „messen": Das Modell stellt die Skala zur Messung dar, die Attribute sind die Werte – die positiven und die potenziell limitierenden. Letztere erscheinen ausschließlich auf den unteren drei Ebenen. Sie deuten auf Bedürfnisse hin, die von Angst getrieben sind. Entwicklung, Reifung entfaltet sich in den sieben Stufen des Modells; mit jeder höheren Stufe gelten Personen oder Organisationen als resilienter: Sie reagieren immer besser auf alle möglichen Herausforderungen des Umfelds. Mehr dazu in Barrett (2015).

Literatur

Barrett R (2006) Building a values-driven organization. Butterworth-Heinemann, Oxford

Barrett R (2010a) High performance. It's all about entropy http://www.valuescentre.com/uploads/2011-12-14/High%20Performance%20-%20It%27s%20all%20about%20entropy.pdf. Zugegriffen: 2. April 2015

Barrett R (2010b) The new leadership paradigm. Lulu.com

Barrett R (2014) The values-driven organization. Routledge, Oxon

Barrett R (2015) The metrics of human consciousness. Lulu.com

Barrett Values Centre (2009) The Nedbank turnaround – the Tom Boardman story. http://www.valuescentre.com/uploads/2011-07-29/Barrett%20Nedbank%20Case%20Study%20final.pdf. Zugegriffen: 9. April 2015

Barrett Values Centre (2011) Overview 2011. http://de.slideshare.net/PhilClothier/ctt-overview-2011. Zugegriffen: 11. Mai 2015

Barrett Values Centre (2015) Vision, mission & values. http://www.valuescentre.com/about/?sec=vision,_mission__values. Zugegriffen: 23. April 2015

Brandes U, Gemmer P, Koschek H, Schültken L (2014) Management Y. Campus, Frankfurt a. M.

Great Place to Work Institut (2015) Das Great Place to Work Modell. http://www.greatplacetowork.de/unser-ansatz/was-bedeutet-ausgezeichnete-arbeitsplatzkultur. Zugegriffen: 2. April 2015

Hauser F, Schubert A, Aicher M (2008) Unternehmenskultur, Arbeitsqualität und Mitarbeiterengagement in den Unternehmen in Deutschland. Ein Forschungsprojekt des Bundesministeriums für Arbeit und Soziales. http://www.bmas.de/DE/Service/Publikationen/Forschungsberichte/Forschungsberichte-Arbeitsschutz/forschungsbericht-f371.html. Zugegriffen: 7. Mai 2015

Kegan R, Laskow Lahey L (2009) Immunity to change. Harvard Business Review Press, Boston

Kaplan R, Norton D (1997) Balanced Scorecard: Strategien erfolgreich umsetzen. Verlag Schäfer Pöschel, Stuttgart

Malik F (2014) Führen, Leisten, Leben. Campus, Frankfurt a. M.

Pink D (2010) Drive. Was Sie wirklich motiviert. Ecowin, Salzburg

A. M. Bokler, M. Dipper, *Changemanagement mit Cultural Transformation Tools*, essentials, DOI 10.1007/978-3-658-10922-6